西政文库·教授篇

农民专业合作社存货质押融资运作模式及风险防范研究

徐 鹏 著

商务印书馆
The Commercial Press
2020年·北京

图书在版编目(CIP)数据

农民专业合作社存货质押融资运作模式及风险防范研究 / 徐鹏著. — 北京：商务印书馆，2020
（西政文库）
ISBN 978-7-100-18410-6

Ⅰ.①农⋯ Ⅱ.①徐⋯ Ⅲ.①农业合作社－专业合作社－抵押－融资模式－研究 Ⅳ.①F321.42

中国版本图书馆CIP数据核字（2020）第071978号

  本书系中国博士后科学基金面上项目"农民专业合作社融资困局破解新路径：存货质押融资运行机制研究"（项目批准号：2014M562504XB）和重庆市教育委员会科学计划项目"农民专业合作社融资新路径：存货质押融资运作机制研究"（项目批准号：KJ1400106）的阶段性研究成果。此外，本书的相关研究得到2016年国家社会科学一般项目（项目批准号：16BGL002）、教育部人文社会科学青年项目（批准号：14YJC630152）的资助。

权利保留，侵权必究。

西政文库
农民专业合作社存货质押融资运作模式及风险防范研究
徐鹏 著

商 务 印 书 馆 出 版
（北京王府井大街36号 邮政编码100710）
商 务 印 书 馆 发 行
三河市尚艺印装有限公司印刷
ISBN 978-7-100-18410-6

2020年5月第1版　　开本 680×960　1/16
2020年5月第1次印刷　印张 8 1/2

定价：40.00元

西政文库编委会

主　任：付子堂

副主任：唐　力　周尚君

委　员：（按姓氏笔画排序）

　　　　龙大轩　卢代富　付子堂　孙长永　李　珮

　　　　李雨峰　余劲松　邹东升　张永和　张晓君

　　　　陈　亮　岳彩申　周尚君　周祖成　周振超

　　　　胡尔贵　唐　力　黄胜忠　梅传强　盛学军

　　　　谭宗泽

总 序

"群山逶迤,两江回环;巍巍学府,屹立西南……"

2020年9月,西南政法大学将迎来建校七十周年华诞。孕育于烟雨山城的西政一路爬坡过坎,拾阶而上,演绎出而今的枝繁叶茂、欣欣向荣。

西政文库以集中出版的方式体现了我校学术的传承与创新。它既展示了西政从原来的法学单科性院校转型为"以法学为主,多学科协调发展"的大学后所积累的多元化学科成果,又反映了学有所成的西政校友心系天下、回馈母校的拳拳之心,还表达了承前启后、学以成人的年轻西政人对国家发展、社会进步、人民福祉的关切与探寻。

我们衷心地希望,西政文库的出版能够获得学术界对于西政学术研究的检视与指引,能够获得教育界对于西政人才培养的考评与建言,能够获得社会各界对于西政长期发展的关注与支持。

六十九年前,在重庆红岩村的一个大操场,西南人民革命大学的开学典礼隆重举行。西南人民革命大学是西政的前身,1950年在重庆红岩村八路军办事处旧址挂牌并开始招生,出生于重庆开州的西南军政委员会主席刘伯承兼任校长。1953年,以西南人民革命大学政法系为基础,在合并当时的四川大学法学院、贵州大学法律系、云南大学法律系、重庆大学法学院和重庆财经学院法律系的基础上，西南政法学院正式成立。中央任命抗日民族英雄，东北抗日联军第二路军总指挥、西南军政委员会政法委员会主任周保中将军为西南政法学院首任院长。1958年，中央公安学院重庆分院并入西南政法学院，使西政既会聚了法学名流，又吸纳了实务精英；既秉承了法学传统，又融入了公安特色。由此，学校获誉为新中国法学教育的"西南联大"。

20世纪60年代后期至70年代，西南政法学院于"文革"期间一度停办，老一辈西政人奔走呼号，反对撤校，为保留西政家园不屈斗争并终获胜利，为后来的"西政现象"奠定了基础。

20世纪70年代末，面对"文革"等带来的种种冲击与波折，西南政法学院全体师生和衷共济，逆境奋发。1977年，经中央批准，西南政法学院率先恢复招生。1978年，经国务院批准，西南政法学院成为全国重点大学，是司法部部属政法院校中唯一的重点大学。也是在70年代末，刚从"牛棚"返归讲坛不久的老师们，怀着对国家命运的忧患意识和对学术事业的执着虔诚，将只争朝夕的激情转化为传道授业的热心，学生们则为了弥补失去的青春，与时间赛跑，共同创造了"西政现象"。

20世纪80年代，中国的法制建设速度明显加快。在此背景下，满怀着憧憬和理想的西政师生励精图治，奋力推进第二次创业。学成于80年代的西政毕业生们，成为今日我国法治建设的重要力量。

20世纪90年代，西南政法学院于1995年更名为西南政法大学，这标志着西政开始由单科性的政法院校逐步转型为"以法学为主，多学科协调发展"的大学。

21世纪的第一个十年，西政师生以渝北校区建设的第三次创业为契机，克服各种困难和不利因素，凝心聚力，与时俱进。2003年，西政获得全国首批法学一级学科博士学位授予权；同年，我校法学以外的所有学科全部获得硕士学位授予权。2004年，我校在西部地区首先设立法学博士后科研流动站。2005年,我校获得国家社科基金重大项目(A级)"改革发展成果分享法律机制研究",成为重庆市第一所承担此类项目的高校。2007年,我校在教育部本科教学工作水平评估中获得"优秀"的成绩,办学成就和办学特色受到教育部专家的高度评价。2008年,学校成为教育部和重庆市重点建设高校。2010年,学校在"转型升格"中喜迎六十周年校庆,全面开启创建研究型高水平大学的新征程。

21世纪的第二个十年,西政人恪守"博学、笃行、厚德、重法"的西政校训,弘扬"心系天下,自强不息,和衷共济,严谨求实"的西政精神,坚持"教学立校,人才兴校,科研强校,依法治校"的办学理念,推进学校发展取得新成绩:学校成为重庆市第一所教育部和重庆市共建高校,入选首批卓越法律人才教育培养基地(2012年);获批与英国考文垂大学合作举办法学专业本科教育项目,6门课程获评"国家级精品资源共享课",两门课程获评"国家级精品视频公开课"(2014年);入选国家"中西部高校基础能力建设工程"院校,与美国凯斯西储大学合作举办法律硕士研究生教育项目(2016年);法学学科在全国第四轮学科评估中获评A级,新闻传播学一级学科喜获博士学位授权点,法律专业硕士学位授权点在全国首次专业学位水平评估中获评A级,经济法教师团队入选教育部"全国高校黄大年式教师团队"(2018年);喜获第九届世界华语辩论锦标赛总冠军(2019年)……

不断变迁的西政发展历程,既是一部披荆斩棘、攻坚克难的拓荒史,也是一部百折不回、逆境崛起的励志片。历代西政人薪火相传,以昂扬的浩然正气和强烈的家国情怀,共同书写着中国高等教育史上的传奇篇章。

如果对西政发展至今的历史加以挖掘和梳理,不难发现,学校在教学、科研上的成绩源自西政精神。"心系天下，自强不息，和衷共济，严谨求实"的西政精神，是西政的文化内核，是西政的镇校之宝，是西政的核心竞争力；是西政人特有的文化品格，是西政人共同的价值选择，也是西政人分享的心灵密码！

西政精神，首重"心系天下"。所谓"天下"者，不仅是八荒六合、四海九州，更是一种情怀、一种气质、一种境界、一种使命、一种梦想。"心系天下"的西政人始终以有大担当、大眼界、大格局作为自己的人生坐标。在西南人民革命大学的开学典礼上，刘伯承校长曾对学子们寄予厚望，他说："我们打破旧世界之目的，就是要建设一个人民的新世界……"而后，从化龙桥披荆斩棘，到歌乐山破土开荒，再到渝北校区新建校园，几代西政人为推进国家的民主法治进程矢志前行。正是在不断的成长和发展过程中，西政见证了新中国法学教育的涅槃，有人因此称西政为"法学黄埔军校"。其实，这并非仅仅是一个称号，西政人之于共和国的法治建设，好比黄埔军人之于那场轰轰烈烈的北伐革命，这个美称更在于它恰如其分地描绘了西政为共和国的法治建设贡献了自己应尽的力量。岁月经年，西政人无论是位居"庙堂"，还是远遁"江湖"，无论是身在海外华都，还是立足塞外边关，都在用自己的豪气、勇气、锐气，立心修德，奋进争先。及至当下，正有愈来愈多的西政人，凭借家国情怀和全球视野，在国外高校的讲堂上，在外交事务的斡旋中，在国际经贸的商场上，在海外维和的军营里，实现着西政人胸怀世界的美好愿景，在各自的人生舞台上诠释着"心系天下"的西政精神。

西政精神，秉持"自强不息"。"自强不息"乃是西政精神的核心。西政师生从来不缺乏自强传统。在20世纪七八十年代，面对"文革"等带来的发展阻碍，西政人同心协力，战胜各种艰难困苦，玉汝于成，打造了响当当的"西政品牌"，这正是自强精神的展现。随着时代的变迁，西政精神中"自强不息"的内涵不断丰富：修身乃自强之本——

尽管地处西南，偏于一隅，西政人仍然脚踏实地，以埋头苦读、静心治学来消解地域因素对学校人才培养和科学研究带来的限制。西政人相信，"自强不息"会涵养我们的品性，锻造我们的风骨，是西政人安身立命、修身养德之本。坚持乃自强之基——在西政，常常可以遇见在校园里晨读的同学，也常常可以在学术报告厅里看到因没有座位而坐在地上或站在过道中专心听讲的学子，他们的身影折射出西政学子内心的坚守。西政人相信，"自强不息"是坚持的力量，任凭时光的冲刷，依然能聚合成巨大动能，所向披靡。担当乃自强之道——当今中国正处于一个深刻变革和快速转型的大时代，无论是在校期间的志愿扶贫，还是步入社会的承担重任，西政人都以强烈的责任感和实际的行动力一次次证明自身无愧于时代的期盼。西政人相信，"自强不息"是坚韧的种子，即使在坚硬贫瘠的岩石上，依然能生根发芽，绽放出倔强的花朵。

西政精神，倡导"和衷共济"。中国司法史上第一人，"上古四圣"之一的皋陶，最早提倡"和衷"，即有才者团结如钢；春秋时期以正直和才识见称于世的晋国大夫叔向，倾心砥砺"共济"，即有德者不离不弃。"和衷共济"的西政精神，指引我们与家人美美与共：西政人深知，大事业从小家起步，修身齐家，方可治国平天下。"和衷共济"的西政精神指引我们与团队甘苦与共：在身处困境时，西政举师生、校友之力，攻坚克难。"和衷共济"的西政精神指引我们与母校荣辱与共：沙坪坝校区历史厚重的壮志路、继业岛、东山大楼、七十二家，渝北校区郁郁葱葱的"七九香樟""八零花园""八一桂苑"，竞相争艳的"岭红樱""齐鲁丹若""豫园"月季，无不见证着西政的人和、心齐。"和衷共济"的西政精神指引我们与天下忧乐与共：西政人为实现中华民族伟大复兴的"中国梦"而万众一心；西政人身在大国，胸有大爱，遵循大道；西政人心系天下，志存高远，对国家、对社会、对民族始终怀着强烈的责任感和使命感。西政人将始终牢记：以"和衷共济"的人生态度，以人类命运共同体的思维高度，为民族复兴，为人类进步贡献西政人的智慧和力量。这是西政人应有的大格局。

西政精神，着力"严谨求实"。一切伟大的理想和高远的志向，都需要务实严谨、艰苦奋斗才能最终实现。东汉王符在《潜夫论》中写道："大人不华，君子务实。"就是说，卓越的人不追求虚有其表，有修养、有名望的人致力于实际。所谓"务实"，简而言之就是讲究实际，实事求是。它排斥虚妄，鄙视浮华。西政人历来保持着精思睿智、严谨求实的优良学风、教风。"严谨求实"的西政精神激励着西政人穷学术之浩瀚，致力于对知识掌握的弄通弄懂，致力于诚实、扎实的学术训练，致力于对学习、对生活的精益求精。"严谨求实"的西政精神提醒西政人在任何岗位上都秉持认真负责的耐劳态度，一丝不苟的耐烦性格，把每一件事都做精做细，在处理各种小事中练就干大事的本领，于精细之处见高水平，见大境界。"严谨求实"的西政精神，要求西政人厚爱、厚道、厚德、厚善，以严谨求实的生活态度助推严谨求实的生活实践。"严谨求实"的西政人以学业上的刻苦勤奋、学问中的厚积薄发、工作中的恪尽职守赢得了教育界、学术界和实务界的广泛好评。正是"严谨求实"的西政精神，感召着一代又一代西政人举大体不忘积微，务实效不图虚名，博学笃行，厚德重法，历经创业之艰辛，终成西政之美誉！

"心系天下，自强不息，和衷共济，严谨求实"的西政精神，乃是西政人文历史的积淀和凝练，见证着西政的春华秋实。西政精神，在西政人的血液里流淌，在西政人的骨子里生长，激励着一代代西政学子无问西东，勇敢前行。

西政文库的推出，寓意着对既往办学印记的总结，寓意着对可贵西政精神的阐释，而即将到来的下一个十年更蕴含着新的机遇、挑战和希望。当前，学校正处在改革发展的关键时期，学校将坚定不移地以教学为中心，以学科建设为龙头，以师资队伍建设为抓手，以"双一流"建设为契机，全面深化改革，促进学校内涵式发展。

世纪之交，中国法律法学界产生了一个特别的溢美之词——"西政现象"。应当讲，随着"西政精神"不断深入人心，这一现象的内涵正在不断得到丰富和完善；一代代西政校友，不断弘扬西政精神，传承西政文化，为经济社会发展，为法治中国建设，贡献出西政智慧。

是为序。

西南政法大学校长，教授、博士生导师
教育部高等学校法学类专业教学指导委员会副主任委员
2019年7月1日

前　言

"三农"（农民、农业、农村）问题是关乎我国国民整体素质、社会经济发展质量、贫富差距、社会和谐稳定的重大科学问题。基于此，21世纪以来，中央一号文件连续14年将"三农"问题作为经济工作的首要问题。2012年12月党的十八大报告及2013年11月党的十八届三中全会均提出发展城乡一体化，2015年及2016年的中央经济工作会议更是直接提出了深化农业供给侧改革、加快农业现代化进程的战略目标。显然，党和政府已将未来的工作中心定调为采取各种手段、方法来支持农业、发展农业、保护农业，进而促进农村繁荣、农民增收。不过，现阶段我国农业基本属于自给自足的小农经济，其缺乏规模效应的特点催生出"小农户"与"大市场"之间的矛盾，而这一矛盾的存在阻碍着"三农"问题的有效解决。所以设法破除这一困境变得非常重要，破除的方式除政府在宏观层面上积极给予政策扶持和倾斜外，还需借助于农业经济组织的力量，而农民专业合作社正是解决我国"小农户"与"大市场"之间矛盾的一种新型的农业经济组织。近年来，农民专业合作社得到迅猛发展，已逐步成为农村经济活动中的一支重要力量，渗透到农业产业链中的各个环节，积极影响、效应已显现。实践表明：农民专业合作社能有效提高小农户的市场讨价能力，使其获得更多收益，同时对调节生产决策的盲目性、降低生产运营的成本等具有积极意义。然而，由于农民专业合作社自身成立时间短、制度不完善、规模小、经营风险高等不利因素的存在，加之缺乏足够的固定资产作为抵押物，致使其面临严重的融资困难、资金不足的问题。基于此，本书针对农民专业合作社融资问题，研究探讨农民专业合作社采用存货质押融资路径以缓解其融资困难问题。

存货质押融资是近年来出现的一种全新融资模式，其精髓是把企业拥有的产权属性明确的存货作为质押物向银行申请贷款，该模式主要针对中小企业融资难问题，试图以另外一种方式破解他们的融资困局。不过，该模式对合作社而言是一种新的融资方式，在其发展成熟之前面临诸多问题，比如运作模式、风险防范、质押率等。只有有效解决这些问题，存货质押融资业务才能真正发挥融资功效，农民专业合作社融资难问题才能得到一定程度的缓解，进而弥补其发展资金的不足。在此背景下，本书结合实际调研及案例分析的结果，提炼出存货质押融资业务运作过程中的两大重要问题：运作模式和风险管理。围绕这两大问题，采用层次分析、因子分析、结构方程模型等方法展开系统讨论和有益探索，以期为存货质押融资业务风险防范提供理论指导，助推农民专业合作社存货质押融资业务顺利开展。

本书第一章先介绍了农民专业合作社发展现状、融资现状及融资问题；第二章阐述了本书所运用的基本理论并对文献综述进行归类整理；第三章重点探讨了农民专业合作社运作的三种普通模式及一种优化模式；第四章针对农民专业合作社存货质押融资风险问题，运用层次分析法及模糊综合评价法研究了风险评价问题；第五章运用了因子分析法探讨存货质押融资业务的风险评价问题，并在最后给出了防范对策；第六章则利用结构方程模型研究了存货质押融资业务的风险评价问题，在此过程中构建了风险评价体系，并进行了进一步完善；第七章重点研究了存货质押融资业务的法律问题，并在此基础上，给出应对策略。

本书在撰写过程中参考了大量的国内外书籍、期刊、报纸等文献资料，但由于该业务是全新业务，对它的理论研究还较分散。为系统探索合作社开展存货质押融资问题，作者首先精心研读与存货质押融资相关——如融通仓、供应链金融、仓单质押、订单质押等——的文献，然后仔细分析合作社自身特征及运作模式，并开展实地调研、现场参观及面对面访谈，力求挖掘出存货质押融资业务中的关键问题，提出建设性建议。

由于时间仓促及作者水平有限，本书错误之处在所难免，对于书中存在的偏颇、不当之处，敬请读者批评指正。

徐　鹏

2017年5月15日于重庆

目 录

第一章 农民专业合作社融资现状及问题 ... 1
  引 言 ... 1
  第一节 农民专业合作社发展现状 ... 2
    一、法律法规日益健全，扶持力度增强 ... 2
    二、农民专业合作社数量增加迅速，组织类型多样 ... 3
    三、农民专业合作社价值越来越大 ... 3
  第二节 农民专业合作社融资现状 ... 4
    一、权益融资 ... 5
    二、负债融资 ... 8
  第三节 农民专业合作社融资问题及原因分析 ... 9
    一、农民专业合作社融资问题 ... 9
    二、农民专业合作社融资难的原因分析 ... 10
  本章小结 ... 14

第二章 农民专业合作社存货质押融资理论基础及文献综述 ... 15
  引 言 ... 15
  第一节 存货质押融资的概念及含义 ... 15

第二节　农民专业合作社存货质押融资理论基础..................17
　　一、新古典经济学合作社理论..................17
　　二、代理理论..................18
　　三、信号传递理论..................19
第三节　农民专业合作社存货质押融资文献综述..................20
　　一、农民专业合作社融资问题国内外文献综述..................20
　　二、存货质押融资国内外文献综述..................25
本章小结..................34

第三章　农民专业合作社存货质押融资运作模式..................35
引　言..................35
第一节　农民专业合作社开展存货质押融资的现实需求..................36
　　一、农民专业合作社发展资金匮乏的需要..................36
　　二、传统融资模式不畅的需要..................37
　　三、"三农"问题亟待解决的需要..................37
　　四、存货质押融资匹配合作社发展现状的需要..................38
　　五、财政资金补助不足的需要..................39
第二节　农民专业合作社开展存货质押融资的现实基础..................39
　　一、合作社存货种类丰富..................39
　　二、存货质押实践经验丰富..................40
　　三、存货质押理论体系完善..................41
　　四、农村物流网络发展快速..................41
　　五、合作社发展扶持政策持续..................42
第三节　农民专业合作社存货质押融资的主要运作模式..................43
　　一、专业担保公司担保下的存货质押融资模式..................43
　　二、供应链核心企业担保下的存货质押融资模式..................45

三、农民专业合作社联合担保下的存货质押融资模式..............46
　　四、三种运作模式差异比较..............48
第四节 "政府扶持＋第四方物流参与"的存货质押融资
　　　　优化模式..............49
本章小结..............51

第四章　基于层次分析法的农民专业合作社存货质押融资风险
　　　　模糊综合评价..............54
引　言..............54
第一节　农民专业合作社开展存货质押融资业务的可行性..........55
　　一、存货质押融资业务发展快速，实践经验日益成熟..........55
　　二、存货质押融资理论体系逐渐完善..............56
　　三、农民专业合作社存货数量多且产权属性明确..............56
　　四、物流业务快速发展..............56
第二节　农民专业合作社存货质押融资风险因素分析..............57
　　一、环境风险..............57
　　二、信用风险..............58
　　三、操作风险..............58
　　四、存货风险..............59
　　五、技术风险..............60
　　六、法律风险..............60
第三节　农民专业合作社存货质押融资风险模糊综合评价..........62
　　一、层次分析法及模糊综合评价法概要..............62
　　二、构建风险指标结构模型..............63
　　三、构建判断矩阵..............63
　　四、确定权重并进行一致性检验..............64

五、农民专业合作社存货质押融资模糊综合评价分析 66

本章小结 70

第五章 因子分析视角下的农民专业合作社存货质押融资风险防范 71

引　言 71

第一节 农民专业合作社存货质押风险管理及风险因素分析 72

一、农民专业合作社存货质押融资风险管理 72

二、农民专业合作社存货质押融资风险因素分析 72

第二节 因子分析视角下的农民专业合作社存货质押融资风险分析 75

一、因子分析 75

二、因子分析视角下的农民专业合作社存货质押融资风险分析 76

第三节 农民专业合作社存货质押融资风险防范对策 79

一、防范质押物担保处置风险的对策 79

二、防范合作社内部管理风险的对策 80

三、防范外部环境风险的对策 81

本章小结 81

第六章 基于结构方程模型的农民专业合作社存货质押融资风险评价 83

引　言 83

第一节 农民专业合作社存货质押融资风险因素分析 83

一、信用风险 84

二、操作风险 84
　三、质物变现风险 85
　四、技术风险 85
　五、法律风险 86
第二节　农民专业合作社存货质押融资风险评价指标体系 86
　一、初步风险指标体系构建 86
　二、农民专业合作社风险评价 86
第三节　数据来源与研究方法 89
　一、数据来源 89
　二、研究方法 90
第四节　农民专业合作社存货质押融资风险防范对策 95
　一、质押物价格风险防范对策 95
　二、合作社财务安全风险防范对策 95
　三、物流企业专业度风险防范对策 96
本章小结 96

第七章　农民专业合作社存货质押融资法律风险及规制考量 98
引　言 98
第一节　农民专业合作社存货质押融资法律风险分析 100
　一、质权的有效性风险 100
　二、质押物价值波动风险 101
　三、质押物灭失风险 102
　四、质押权和抵押权的竞合风险 102
　五、质押权和留置权的竞合风险 103
　六、质押权实现风险 103

第二节　农民专业合作社存货质押融资法律风险规制策略
　　考量 104
　一、防止质权无效的应对策略 104
　二、防范质押物价值下降、灭失风险应对策略 106
　三、防范质权与抵押权、留置权竞合风险的应对策略 108
　四、防范质权无法实现的应对策略 109
本章小结 110

第一章　农民专业合作社融资现状及问题

引　言

　　随着 40 年的改革开放，我国工业经济取得了快速发展，各地各行业都呈现出欣欣向荣的繁荣景象，然而在工业经济取得巨大成就的同时，农村经济发展相对滞缓，农业现代化进程相对缓慢，农民收入增长相对迟缓。工业反哺农村、农业和农民，让农民共享经济发展红利是当下党和政府工作的重中之重；而阻碍农民收入提高、农业有序发展的因素之一是"小农户"和"大市场"之间的矛盾："小农户"在资金规模、谈判能力、信息掌握等方面严重不足，致使其无法跟随"大市场"节奏，造成损失。为克服这一矛盾，提高小农户衔接大市场的能力，出现了不以盈利为目的的、农户自愿参与的经济组织——农民专业合作社。该组织迎合了当下中国经济发展的需要，受到了广泛关注。不过农民专业合作社成立时间短、发展前景不稳定、规章制度不完善等因素也致使其融资困难，资金不足成为其发展缓慢的重要原因之一。所以，应当调研农民专业合作社的发展现状、融资现状，挖掘其融资困难的主要因素，以便为设计恰当的融资模式及融资路径提供现实基础。

第一节　农民专业合作社发展现状

自从 2006 年《中华人民共和国农民专业合作社法》（以下简称《农民专业合作社法》）[①] 颁布以来，我国农民专业合作社[②] 如雨后春笋般出现，迅速扩展到全国各地，遍地开花。截至目前，其发展现状主要表现在如下几个方面。

一、法律法规日益健全，扶持力度增强

农民专业合作社法律法规不断健全完善。《农民专业合作社法》自 2007 年 7 月 1 日起施行，该法明确界定了农民专业合作社的组织性质，规定农民专业合作社具备法人资格，能够依法独立经营，这一规定为农民专业合作社的发展提供了法律基础。2017 年，《农民专业合作社法》迎来第三十一次修订，修订后的《农民专业合作社法》进一步巩固了农民专业合作社的市场地位，再次明确界定了农民专业合作社的法人地位，并补充了联合社的法人身份和法律地位，该法的修订对农民专业合作社未来规范有序的发展具有助推作用。《农民专业合作社法》颁布以后，诸多省（市）陆续出台了该法的实施条例或办法。政府财政对合作社的扶持力度日益加大。近年来，政府设立专项基金用于农民专业合作社发展，涉及农业合作社的项目不断向农民专业合作社倾斜。在税收上，政府也制定了优惠政策，如农民专业合作社出售社员生产的农副产品及农民专业合作社向社员提供的农业生产资料，皆免征增值税。

[①]《农民专业合作社法》2006 年 10 月 31 日由第十届全国人民代表大会常务委员会第二十四次会议通过，至 2017 年 12 月 27 日止，已经过三十一次会议修订。

[②] 在下文中，为行文便利，"农民专业合作社"有时简称"合作社"。

二、农民专业合作社数量增加迅速，组织类型多样

农民专业合作社及入社农户数量大幅增加。根据国家工商总局数据，截至 2015 年底，全国范围内，在工商部门登记注册的农民专业合作社数量已超过 150 万家，同比增长近 19%；实际参加合作社的农户数量超过 1 亿户，占我国农户总数比重约为 42%，比上年同期增加 6.5 个百分点。在整个"十二五"时间段内，农民专业合作社数量实现了近 3 倍的增长，农户参加农民专业合作社的比例与原来相比增加近 31 个百分点。

农民专业合作社组织范围日益广泛，不再局限于农业生产资料领域，还包括种植养殖、农机作业、农村旅游和民间传统手工编织等领域。

农民专业合作社组织类型也日渐丰富，其中以种植养殖合作社居多，通过农业深加工等方式提高农产品附加值的农民专业合作社陆续出现并快速发展，跨地区、跨行业的联合社形式也逐渐显现。

在政策利好的助推下，农民专业合作社及入社农户数量在未来会进一步增加；农民专业合作社的业态会随着社会分工的深入细化及政策的逐步放宽而进一步拓宽，覆盖更多领域；农民专业合作社的发展质量在管理机制、引导机制及相关法律法规日益完善的背景下会逐步提高，促进农民专业合作社在增加农民收入、繁荣农村经济及提高农业现代化水平等方面发挥重大作用。

三、农民专业合作社价值越来越大

随着农民专业合作社实践业务的深入发展，农民专业合作社价值愈发凸显，主要体现在如下方面：（1）提高了农户的产业化、组织化程度及市场议价能力。农民专业合作社是属于广大农民自己的合法经

济组织。农民专业合作社能够有效地解决农业龙头企业与农户地位不平等、农户利益不能得到充分保障等问题。农民专业合作社签约农户有两种主要模式,即"龙头企业(或政府部门、供销社)+合作社+农户"和"合作社+企业+农户"。在第一种模式中,农民专业合作社为农户和龙头企业的纽带,农户依靠农民专业合作社提高在与龙头企业交易时的谈判地位,获得对自己比较有利的交易价格。龙头企业以农民专业合作社为技术平台,把管理经验、技术和信息等传授给农户。总之,这种模式可以较好地保护农户的利益,改善农户的弱势地位,达到企业发展和农民富裕的双赢效果。在第二种模式中,农民专业合作社直接营办农产品生产加工流通等活动。农民通过农民专业合作社开展生产、加工、储藏、运输、销售等经营活动,可以最大限度地享受到农产品生产经营中间环节的利润。(2)推动农业转型和增加农民收入。农民专业合作社数量的迅速增加和规模的不断扩大加速了土地流转,促进了农业经营规模化,推动了农业标准化和品牌化,提升了农户的市场价格谈判地位,延伸了农业产业链条。银行、保险公司、担保公司等金融机构与农民专业合作社合作,为农民专业合作社、签约农户提供融资、保险、担保等服务,提升了农业产业化程度,提高了农业抵御各种自然灾害的能力,提高了农业经济主体驾驭市场风险的能力。农业的稳定生产、有序化运作及市场议价能力的增强对提高农民收入具有显著意义。

第二节　农民专业合作社融资现状

尽管近年来农民专业合作社发展迅速,但从历史视角而言,他们大多数还处在创办与发展初期,社员主要是农户。农户资金少,财力弱,致使农民专业合作社注册资本较少,加上农民专业合作社的盈余分配制度使得留存盈余很少，这就造成农民专业合作社在增加经营品种、增加租地面积、扩大生产规模、购置机器设备、收购农牧产品、开拓市场等方面上面临严重的资金不足问题。

就目前农民专业合作社的融资路径来看，外源融资主要依赖农村信用社，换言之，农村信用社是农村金融的主要力量。但信用社出于严格规范管理和风险防范的要求，向农民专业合作社发放贷款也非常谨慎，致使融资难、担保难成为阻碍合作组织发展壮大的主要问题。农民专业合作社使用的集体土地不能用于抵押，能抵押的固定资产在农村难以变现，所以农民专业合作社很难获得抵押贷款。大多数农民专业合作社从事农产品生产加工，农业生产面临自然风险和市场风险双重风险。农产品储存期短，容易腐烂变质，一般不能用于库存担保，农业保险难以开展，农业风险难以分散，而且农产品生产利润低，这些都是制约银行发放农业信贷的因素。虽然财政资金对农民专业合作社的扶持广度和力度不断加大，但由于农民专业合作社数量多，得到扶持的是少数，而且单个农民专业合作社得到的扶持资金量也不大。

农民专业合作社融资的另一个融资来源是内源融资。不过农民专业合作社规模普遍较小，运行缺乏规范，经营效益处在低位，盈余积累不多，社员农户经济能力弱，这些因素致使内源融资严重不足。从各个方面来看，目前适合农民专业合作社融资的渠道非常狭窄。即使有国家财政税收等优惠政策，银行对农民专业合作社的信贷投放也非常少，甚至避而远之。

目前我国农民专业合作社的主要融资渠道包括如下两类：权益融资和负债融资。

一、权益融资

合作社权益融资具体包括股金、资本公积金、盈余公积金和未分配利润。在现实中，社员的直接投资、利润留存和惠顾返还都可转化为股金。经过批准，农民专业合作社还可通过向社会公众发行股票来筹集权益资本。

（一）社员股金及会费

社员股金及会费是多数农民专业合作社资金的重要来源，不过数额较小。农民专业合作社在初创时向社员以发行普通股方式收取股金或会费，以确认农户的正式社员身份及在农民专业合作社经营管理中的民主权利。社员股金及会费这种内源融资方式比较简便，融资成本也低，但缴纳数额很少，难以满足合作社发展的资金需要，故目前多数农民专业合作社已经不再以收取社员股金及会费的方式来筹集资金。

（二）惠顾返还保留及资本保留

惠顾返还保留可理解为将社员应得的部分净收益留存在合作社。站在会计视角，该部分资金表现为应付盈余返还保留。显然，这种融资路径无需社员直接支出现金。另一种方式是利润转为权益资本，这种方式是指根据合作社章程，把合作社利息、租金等非经营性收益，以及未分配利润转化为权益资本，包括资本公积和盈余公积。把一部分收益留存变成资本，既可以增强合作社的资本实力，提高持续发展能力和盈利能力，又可以抵御亏损给合作社经营带来的冲击。但是目前我国的农民专业合作社普遍实力弱，留存收益不多。

（三）优先股筹集的权益资本

优先股意指在分配股息时比普通股优先分配，清偿时先于普通股清偿的股份。不过优先股股东不拥有合作社重大事项的决策权，合作社保留的惠顾额可以转变为优先股。若合作社制度许可，合作社可以通过向社会公众发行优先股的方式融资，这样既可以获得不需偿还的资本，又可以保障控制权不被稀释。目前社员以及社会公众对优先股认知度还不高，发行优先股有较大难度。

（四）政府财政资金

政府为促进农民专业合作社健康快速发展，对符合条件的农民专业合作社进行扶持，给予政策倾斜及财政支持。部分农民专业合作社的权益资本中，财政资金是重要组成部分。不过，该资本为积累基金，不能分配。这种处理方式存在明显的不足：因该资金使用成本低，甚或是无偿的，因此部分农民专业合作社通过造假、舞弊等方式骗取财政资金。因此，政府应对申请财政资金的农民专业合作社的身份、经营内容、发展规模、成立时间、组织架构等进行严格审核，并对财政资金的后续使用情况进行严格监管。此外，农民专业合作社利用财政资金所创造的收益归谁的问题还没有解决。农民专业合作社公共产权不清楚，致使财政资金扶持小农户发展的目的很难实现。目前财政资金扶持的主要形式为拨付专项基金，专项基金又被界定为四个层次：第一层是中央设立的专项基金。2001年中央出台了相关政策以扶持农业产业化发展，政策明确规定，对龙头企业及农民专业合作社采取相同的扶持政策。2003年财政部向合作社投放扶持资金达2000万元，此后扶持资金数量逐年增加，在2003年至2011年的8年时间内，中央财政累计安排扶持专项资金约26亿元，农业部也从2004年起开展农民专业合作社示范项目建设。第二层的扶持方式是各省、市、自治区的财政扶持基金，各省级财政拨付出一定的资金用于支持发展农民专业合作社。2011年至2016年，重庆市财政每年拨出部分资金作为农民专业合作社发展专项扶持基金。第三层的体现方式为中央、省财政专项资金带动各县、市、区设立地方财政专项资金。2011年12月重庆市政府通过《关于促进农民专业合作社持续健康发展的意见》，该文件要求市县政府都要设立农民专业合作社专项扶持基金，用于支持农民专业合作社发展社员培训、专利申请、产品质量认证、市场营销和基础设施建设等，并建立农民专业合作社贷款担保和风险补偿机制，进一步加大了对农民专业合作社的政策支持。其四是其他专项基金支持。《农民专业合作社法》鼓励有条件的农民专业合作社申请农业和农村建设项目。国家农业综合开发办公室发布的《2008年国家农业综合开发产业化经营项目申报指南》明确规定，具有独立法人资格的农民专业合作社可申报农业标准化示范项目、畜牧养殖小区等项目。

二、负债融资

（一）金融机构贷款

金融机构贷款是农民专业合作社外部资金的重要来源路径之一。目前我国已初步形成较为完整的用于为农业组织提供贷款的银行体系，其主要架构包括商业银行、农村信用社、政策性银行、村镇银行等。这些金融机构功能互补，侧重不同，能较好地为农民专业合作社提供资金服务。其中，农村信用社及农村商业银行为农民专业合作社资金来源的优选路径，其次是其他商业银行、村镇银行、农村金融互助社等。农民专业合作社获得贷款往往是通过间接方式：金融机构先把贷款发放给农户、社员或合作社理事等，然后再由农户、社员或合作社理事拿给合作社用于其发展，通过直接方式从金融机构获得支持的则较少。随着农民专业合作社规模不断扩大及运行的日益规范，其市场地位越来越被认可，银行对农民专业合作社的态度也逐渐改变，开始将其纳入征信范围。现在许多银行正开发适合农民专业合作社贷款的金融产品，如土地承包经营权抵押、存货质押、仓单质押、订单质押等。此外，在提供资金的主体上也不断创新，除村镇银行、商业银行及政策银行外，又催生出社区银行、小额贷款公司、融资担保公司以及资金互助社等新型组织，这些新型组织的出现有效拓宽了农民专业合作社负债融资的路径。

（二）民间借贷

尽管当下针对农民专业合作社融资的金融机构类型多样，产品也日益丰富，但农民专业合作社通过正规金融机构申请贷款的难度依然很大，且申请周期较长，由此催生出农民专业合作社向民间进行借贷的融资路径。民间借贷已成为农民专业合作社获取融资的一种较为流行的方式，因为民间借贷有弹性、简便、灵活，没有苛刻的贷款条件，也不需长时间的等待。不过民间借贷也存在利率高，风险大等不足，这成为农民专业合作社开展民间借贷的最大隐患：高利率可能使得很多农民专业合作社无法承受，最后可能因此而停业甚或倒闭。

（三）其他企业资金

除上述正规途径和民间借贷融资路径外，农民专业合作社也可向其他企业融资。不过这种融资方式是吸收企业的投资，使其成为合作社的所有者之一，尤其是处在供应链环境中的合作社，可以向其上下游企业或供应链核心企业提出融资需求和意向，通过资金借贷或商业信用等方式获得资金。供应链中其他企业的参与和帮扶利于合作社的稳定发展和结构升级。

第三节　农民专业合作社融资问题及原因分析

一、农民专业合作社融资问题

融资难问题是农民专业合作社普遍面临的一个问题。很多合作社产品畅销，订单丰富，不过因资金匮乏而无法实现大规模生产。现将合作社目前融资过程中存在的主要问题总结如下：

第一，渠道狭窄。当前合作社融资渠道少，现有融资渠道主要包括社员入股、民间借贷、社员银行贷款等。财政资金支持力度虽然在逐步加大，且投入量在逐年增加，但远低于合作社发展的需求，资金缺口较大。

第二，贷款困难。合作社申请贷款成功通常需具备如下条件：具有法人营业执照、运行规范、场所固定、生产经营活动开展正常、财务管理制度健全、有一定数量的自有资金。而现实情况是，多数合作社经营缺乏规范、股本资金少、可抵押资产不足，很难满足获得贷款的条件；因而能够成功申请到贷款的是拥有合作社实际控制权和决策权的领办人。

第三，权益融资不足。目前多数合作社资本金数量相当有限，许多普通社员没有兴趣和动机向合作社投资。此外，绝大多数合作社正处于初创和起步阶段，面临规模小、盈利不稳定、运行不规范、制度不完善等诸多挑战，不具备通过发行股票方式获得直接融资的条件。

第四，担保困难。在我国农村地区，担保机构数量较少，并且这些担保机构的担保能力不强，加之合作社自身能力弱、规模小、自有资金少等因素致使担保费用较高，这些无疑增加了合作社担保的难度。据报道，为克服合作社担保缺失或不足问题，部分地方的县市（如重庆市部分地区）政府出资成立专门的担保公司或担保基金，这有效缓解了当地合作社担保不足问题。

二、农民专业合作社融资难的原因分析

农民专业合作社融资难的因素比较多。从合作社自身角度来看，内部机制不健全、组织结构不合理、产权明晰的资产不足、财务制度不完善等因素制约了其融资能力。站在银行视角看，商业银行机制改

革、银行与合作社间信息不对称、商业银行贷款要求提高是致使合作社获得银行贷款难度加大的因素。从政府这一角度看，行政管理体制改革滞后、地方政府干预过多、引导不到位等因素的存在造成了合作社融资困难局面。

（一）农民专业合作社自身方面的原因

第一，内部机制尚不完善。当前多数农民专业合作社还处在初级发展阶段，在组织结构、管理水平、机制设计、内部运作等方面依然停留在松散型组织的水平上，其职能发挥局限于社员与合作社之间，未拓延组织功能边界。尽管合作社依法注册登记，具备法人资格，但因其属于自愿联合、民主管理、互助性的经济组织，一些合作社在规范化、制度化方面还有待改进。有的合作社产权不明确，内部运作机制不健全；有的合作社尽管设立了理事会、监事会、成员（代表）大会等组织机构，但功能发挥有限，多拘泥于形式，执行效果差。有的合作社成立后没有开展经营活动，仅有形式而无实质性业务内容。在这种情况下，当合作社为扩大规模而需要发展资金时，缺少可以抵押的资产，加上组织结构不完善、管理不规范、财务不健全等因素的影响，不难理解其资金需要很难足额满足。

第二，担保、抵押缺失。农民专业合作社社员生产规模的扩张要求合作社自身规模要不断扩张，这无疑加剧了对资金的需求。目前满足大额资金需求的担保方式主要有两种，一种是担保协会担保加农户联保方式，其中参与联保的农户需具备一定的资产规模。不过因农户各经济情况各异，致使联保很难持续稳定，并且该方式所处的担保层次较高；另一种是把合法抵（质）押物作为担保申请贷款，不过因农民拥有的土地、农房、水利设施等多为集体资产而无法被设定为抵（质）押物，加之银行缺乏对机器设备、存货、应收账款等资产的鉴别和定价能力，使得合作社不易获得贷款。

(二) 金融机构方面的原因

第一,金融体系不完善。四大国有商业银行从上世纪中后期真正开始商业化,商业化意味着以利润最大化作为行为选择基础,基于这一理念,商业银行撤销了乡镇支行及分理处,由此导致农村金融缺失。为更好地防控风险,商业银行广泛实施授权授信制度,把贷款权限交于上一层级,贷款流程需逐层审批,这虽然明显加强了规范化,但同时使得贷款手续变得繁杂。一方面,多数县市分支行拥有的贷款权限不大,甚或没有贷款权限。而众所周知,农民专业合作社一般根植于农村周边,贷款申请会层层上报审批,中间环节多,程序复杂,审批周期长。另一方面,合作社资金需求特点是金额小、速度快、使用期限不长。农业生产或经营投入耽误一时,可能会影响一季的成果。银行贷款的现实操作处理方式与合作社贷款需求特征形成冲突。因此,让规模大的银行满足合作社融资需求存在一定困难。

第二,信息不对称。金融机构主要通过申请材料及对合作社简单调研的结果获取合作社资信情况、运营情况等信息。据此,银行很难系统掌握合作社所有情况,如资产规模、经营运作、盈利水平、风险防范举措等,也难以全面掌握贷款社员的信用情况及风险状态。正是信息不对称因素的存在,致使银行向合作社及签约农户进行授信的意愿不强烈。

第三,中小金融机构缺乏。金融机构的规模大小影响其向不同规模的企业开展信贷融资服务的成本及效率。中小金融机构相比大金融机构而言更为了解中小企业的情况,两者之间的信息不对称程度较弱,这会减少贷款审批层级,缩短审批期限,降低成本、提高效率,故而在为中小企业提供金融服务方面,中小金融机构更具有优势。但为合作社提供信贷的中小金融机构数量还很少,类型也不多,村镇银行、贷款公司、农村资金互助社等中小金融机构仍处于起步发展阶段,这也是造成合作社融资难的原因之一。

(三) 政府方面的原因

为促进合作社健康发展，发挥其促进农业现代化、农户收入增长的功效，政府相关部门在很多方面做了许多工作，也取得了不错的成绩。不过至今还未构建帮扶并引导合作社有序健康发展的系统化、制度化、长期化机制，也未有效构建合作社信贷担保体系。此外，政府应进一步通过提高财政资金扶持力度、提高税收减免额度、加强信贷利率优惠等方式，积极指引农村信用体系框架构建。山东淄博桓台县是产粮大县，2003年县政府提倡全县进行种植业结构调整，在某镇某村开展大棚蔬菜种植业务，该业务的运作方式与合作社相同。在政府出面干预下，信用社积极发放联户联保贷款，但最终由于未及时掌握市场信息，加之村领导班子的核心作用未有效发挥，造成农产品严重滞销，农民损失较大，信用社很多贷款没有办法回笼，严重影响了当地的信用环境。基于此，政府在合作社发展过程中，扮演的角色应为积极引导者及辅助服务者。

(四) 行业特征方面的原因

行业特征对农民专业合作社融资效果有着显著影响，具体体现在如下几个方面：

第一，风险大。农民专业合作社生产经营活动除应对市场风险外，还遭受自然风险的冲击。农民专业合作社生产经营的产品多为农产品，而农产品易受自然灾害如暴雨、暴雪、春寒、冰雹、旱灾、虫灾等影响，自然灾害会严重影响农产品的质量和产量。农业经营不确定因素较多，农房、土地等重要资产无法作为抵押物进行担保，致使农业贷款风险较高，融资困难。

第二，时效性强。种植业和养殖业都具有鲜明的周期性和季节性特征，这使得合作社的资金需求呈现出较强的时效性特点。就种植业而言，其季节性强，一旦错失季节就意味着该年种植机会的丢失，因此融资效率要高，使其能够及时购买生产经营所需的种子、化肥等生产资料。

第三，扶持性强。相比企业产业，农业经济的效益相对较低，仅靠市场来调配金融资源显然不足，需要政府参与并给予帮扶。农业的高风险需要通过设置恰当的风险分担转移机制予以降低或抵消，如引入担保公司、保险公司、基金池等方式弱化农业风险，提高合作社贷款信用。

本章小结

农民专业合作社在解决"小农户"与"大市场"间的矛盾问题上扮演着重要角色，所以促进农民专业合作社的健康发展对发挥其桥梁功能具有较强的现实意义。基于此，本章首先详细解读了合作社的发展现状：相关法律相继出台并日益完善，合作社数量快速增加、质量不断提高，价值功能日益彰显，社会功效不断增强；然后分析了其融资现状：权益融资和债权融资。最后从合作社自身、金融机构、政府及行业四个视角分析了融资难的原因，目的是设计和创作更恰当的融资路径以破解融资难困局，并为合作社开展存货质押融资业务提供现实依据。

第二章　农民专业合作社存货质押融资理论基础及文献综述

引　言

由第一章分析可知，农民专业合作社在发展过程中面临资金不足问题，使得其生产经营困难，且阻碍其有序化、规范化发展和质量提升。而造成其融资困难的原因很多，主要包括自身规模小、可抵押固定资产少、生产经营前景不明、财务制度不健全、金融机构针对性产品缺乏及政府参与性不足等。所以，探索符合其特征的新的融资路径变得必要。存货质押融资是利用自身闲置动产进行融资的一种模式，旨在为中小企业摆脱融资困境提供帮助。存货质押融资与合作社规模小、动产多等特点相匹配，这为存货质押业务在农民专业合作社中的开展提供了现实基础。由此，本章首先介绍存货质押融资概念，然后探讨合作社开展存货质押融资业务的理论基础，最后对现有相关文献进行系统梳理和归纳。

第一节　存货质押融资的概念及含义

按 2007 年 5 月颁布实施的《中华人民共和国国家标准：物流术

语》(GB/T 18354-2006),存货质押是指需要融资的企业(即借方),将其拥有的存货作为质押物,向资金提供企业(即贷方)出质,同时将质押物转交给具有合法保管存货资格的物流企业(即中介方)进行保管,以获得贷方贷款的业务活动,是物流企业参与下的动产质押业务,是目前国内外一种重要的物流金融创新。[①] 农民专业合作社存货质押融资业务是利用将合作社所拥有且暂时闲置的存货质押给银行进行融资的业务模式,该业务不仅利于克服农民专业合作社发展资金不足问题,而且对促进农业发展、活跃农村经济及增加农民收入有重要意义。合作社大多植根农村或其附近,和农民、农业及农村有着天然的关联性,其发展壮大自然利于"三农"问题的解决。

存货质押融资是一种把物流、信息流和资金流三者结合起来的创新业务,其内容包括物流服务、金融服务、中介服务和风险管理服务,以及这些服务的互动与组合。有效合理地运作"融通仓",可以实现"多方共赢"。首先,存货质押业务可以通过动产质押和第三方物流的担保帮助解决中小企业融资难问题,促使其健康快速发展;中小企业也能获得第三方物流提供的高水平物流服务,有效降低中小企业的物流成本。其次,对于银行而言,开展存货质押业务可以扩展融资业务的范围,解决其惜贷间扩展业务间的矛盾,获得丰厚利差;更重要的是,可以通过质押物提供的担保和物流企业的评估和监控有效降低信贷风险。最后,对于物流企业而言,可以通过参与存货质押业务获得更充足、更稳定的客户来源,获得监管、信息咨询等增值收益。因此研究"融通仓"的运作模式问题具有非常重要的现实意义。

[①] 李毅学等:《物流与供应链金融创新——存货质押融资风险管理》,科学出版社2010年版,第1页。

第二节 农民专业合作社存货质押融资理论基础

农民专业合作社存货质押融资是一个复杂的系统，涉及新古典经济学合作社理论、新制度经济学制度变迁理论、产权理论、交易费用理论和现代企业融资理论。农民专业合作社是为解决"小农户"和"大市场"之间矛盾而问世的，其出现有效降低了社员与市场之间的交易费用。农民专业合作社融资问题必须在产权变革的基础上推进，国家应通过正式制度安排为其创造良好发展环境，参考西方现代企业的融资理论实现融资方式变革。这些理论是解决农民专业合作社开展存货质押融资问题的基础。通过它们，可以从宏观、整体角度把握农民专业合作社存货质押融资问题。

一、新古典经济学合作社理论

华德（Ward）—瓦纳克（Vanak）模型是最早尝试运用新古典经济学的理论与方法对合作社进行系统分析的基本经济理论。该理论做了如下前提假设：合作社运行于完全竞争的市场经济环境中，产品价格及资本利率皆由市场决定，合作社只生产某种产品。和资本家企业的不同之处在于合作社的终极目标为最大化社员收入。社员不享有净资产的索取权，合作社投资所需资金来源于集体储蓄或利润留存。结合企业生产函数 $Q = F(K, L)$ 易发现，目标实现的边际条件为合作社劳动边际产品与社员平均收入相等。短期来看，资本要素被作为常量，劳动要素则被假定为变量，相比于资本家企业，合作社的投资水平偏低。资本家企业中，投资资本获得途径有多种，如借贷资本或企业利润，且投资取得收益被资本家拥有。相反，合作社资本来源较为单一：集体储蓄或利润留存。若其把利润投入生产，则无疑会减少利润分配数额，此时，若社员脱离合作社，意味着其会失去投资收益权。这一情况的存在会引致社员投资行为的短期化，他们将经常选择通过降低合作社资本积累水平的方式来提高社员收入水平，所以社员有欲望和冲动将合作社收入全部分配，导致合作社投资资本进一步缺乏。筹集资本方面，合作社处于"工人雇佣资本，资本不能雇佣工人"的困境，无法在资本市场中融到所需资本，使其在与商业银行的贷款谈判中处于非常弱势的地位。一方面银行常常从机会主义视角来看待合作社，认为社员有可能通过过度增加工资的方式把贷款转为个人收益，或把贷款投入到成功风险高、成功把握不大的产业中；另一方面，因合作社规模小，固定资产少，致使银行无法消除对合作社机会主义的忧虑，从而削弱了合作社的融资能力。所以，尝试新的路径，开创新的模式以缓解银行的顾虑，成为提升合作社贷款能力的关键。合作社固定资产少，但可尝试用于质押的动产不少，盘活这些资产对有效缓解其融资困境不失为一种有益尝试和探索。

二、代理理论

詹森和麦克林曾指出，代理成本存在与否受企业所有权结构决定，它存在的基础在于经理人不完全拥有企业所有权这一事实。与仅拥有部分股权的企业相比，经理人员拥有全部股权的企业市场价值会更高，两者的差额即为股权融资的代理成本，它与经理人持股多少呈负相关关系。解决代理问题的方式是让经理人拥有全部股权，增加债务融资。不过，在有限责任规制下，债务融资可能会引致经理人员更偏好高风险的项目，这时，债权人为保全自己的权益，则会提高贷款利率，这样无疑增加了债务融资成本，从而催生债务融资的代理成本，即债权代理成本。故而，最佳的资本结构受股权融资及债务融资代理成本间的均衡关系影响，以达致总代理成本最小。[①] 委托代理理论经过诸多学者的不断探索，已广泛应用于诸多领域，解决了许多领域中存在的代理问题，包括存货质押融资业务中的代理问题。合作社存货质押融资业务涉及诸多参与主体，在信息不对称的情况下，会形成多重委托代理关系，如银行与物流企业、银行与合作社、核心企业与协助企业、银行与核心企业等，委托代理问题的解决需要消除彼此间的信息不对称并设置恰当的激励监督机制。

三、信号传递理论

罗斯（Ross）模型被认为是信号理论中最重要的模型之一。罗斯等人认为，假定投资这一因素为常数，负债—股权比可作为内部人传递企业内部收益分布信息的信号。他们假定公司将来的收益分布服从连续型和离散型分布。公司经理对这一信息是知晓的，外部投资者则不知晓，而仅能通过公司内部人的行为表现来获得相关信息。[②] 通常来讲，公司破产概率与其质量呈负相关关系，而与负债水平呈正相关关系；公司破产会让经理人失去工作和在职消费等福利，所以经理人将不会选择盲目增加负债的行为。这样，质量低的公司不敢进行更多的债权融资来模仿质量高的公司，外部投资者可以把公司负债水平的高低作为评价其质量高低的一个依据。此外，在利兰德—帕尔的模型中，企业家是风险规避者，且财富有限，当有新的投资项目时，他需要向外部投资者融资。这时，企业家可以通过变动自己在项目中的股本，并把它视作一种传递项目质量的信号。总之，信号传递模型是行

[①] Michael C. Jensen, William H. Meckling, "Theory of the Firm: Managerial Behavior, Agency Costs and Ownership Stucture," *Journal of Financial Economics*, vol. 3, 1976.

[②] S. A. Ross, "The Arbitrage Theory of Capital Asset Pricing," *Journal of Economic Theory*, vol. 13, no. 3, 1976.

为人一方通过某种行为举动等方式提供某种信号给另外一方以试图达到某种效果，而另外一方则需要辨别该信号真伪等，以对发出信号方做出正确评价。在合作社存货质押融资业务中，也需要信号传递理论去解决业务参与主体的选择问题，以此设置正确的业务准入机制。

第三节 农民专业合作社存货质押融资文献综述

一、农民专业合作社融资问题国内外文献综述

能否获得发展所需资金是关乎合作社未来走向的重要问题，是合作社发展过程中急需克服的关键问题之一。基于此，国内外许多学者对此进行了广泛且深入的研究，目前国外针对合作社融资问题的探讨主要集中在融资作用、融资结构、融资困境等方面。

（一）农民专业合作社融资国外研究现状

1. 合作社融资作用

Richard 探讨了组织、财务及运营因素对农业合作组织成败的影响，其中财务因素包括股本金、增资扩股以及债务融资等。[1]Schrader 的研究得出合作经济组织转变为投资者所有企业或产权多元化企业形式后利于融资问题的解决的结论。[2]

---

[1] J. S. Richard, "Imperfect Competition in Agricultural Markets and the Role of Cooperatives: A Spatial Analysis," *American Journal of Agricultural Economics*, vol. 72, no. 3, 1990.

[2] L. F. Schrader, "Equity Capital and Restructuring of Cooperatives as Investor-Oriented Firms," *Journal of Agricultural Cooperation*, no. 4, 1989.

2. 合作社融资结构

农民专业合作社性质比较特殊,融资结构对其发展起着关键作用。合作社发展过程中所需资金可通过几种方式满足:发行新股、留存盈余、债务融资等。发行新股会稀释股权,减弱大股东的影响力,而举债融资就可避免这一问题。如果举债融资收益超过成本,可获得杠杆收益。Nilsson 认为与一般支农方法相比,政策性涉农信贷、金融支持与公共基金这三种方式更加有效,有利于降低筹集资金的成本,但同时也削减了金融机构的利润,削弱了农村金融市场的竞争力。[①]Hojman 认为,伴随着合作社成长周期而发生的信用约束条件、合作社规模和资金需求等的变化是影响融资结构变化的基本因素。在合作社创立初期,合作社信息基本上是封闭的,此时合作社主要依赖内源融资;当合作社进入成长阶段,开始较多地依赖金融机构的外源融资;在进入稳定增长的成熟阶段,合作社开始具备进入公开市场发行有价证券的资产规模和信息条件。随着来自公开市场可持续融资渠道的打通,来自金融中介的债务融资的比重趋于下降,股权融资的比重上升。[②]

3. 合作社融资困境

国外学者们从不同角度分析合作社融资困境问题。Cook 研究发现不清晰的产权结构造成的激励机制缺失是形成合作社融资约束的主因。[③]Harris 研究发现增强合作社股份的流动性,可以激励社员投资的积极性,改善其投资组合的收益。为此,可考虑建立合作社股份流通

[①] J. Nilsson, "The Emergence of New Organizational Models for Agricultural Cooperatives," *Swedish Journal of Agricultural Research*, vol. 28, no. 1, 1998.

[②] D. A. Hojman, A. Szeidl, "Core and Periphery in Networks," *Journal of Economic Theory*, vol. 139, no. 1, 2008.

[③] M. L. Cook, "The Future of US Agricultural Cooperatives: A Neo-Institution Approach," *American Journal of Agricultural Economic*, vol. 77, 1995.

转让的二级市场。①Cook 和 Iliopoulos 研究发现传统合作社扩充资本主要依靠留存惠顾返还，而这种权益资本可以赎回，合作社不能永久使用，使合作社成员缺乏投资组合的动力。②Richard 则认为造成合作社融资压力的主因是盈利不足、负债过度及高成本借贷。合作社规模也是影响融资因素之一，如规模不大的合作社可能组织架构不紧凑，盈利不多，融资不易；规模较大的合作社可能负债过高，甚至高成本借贷。③Baarda 以之前的研究成果为基础，进一步分析了农民专业合作社融资难的原因。他认为，在搭便车问题和视野问题之外，融资成本比较高的农民专业合作社社员对投资收益意识不够敏感，不能完全认识到投资回报，也是融资难原因的其中之一。④

（二）农民专业合作社融资国内文献综述

由于农民专业合作社的快速发展在国内还处于起步阶段，所以国内对于农民专业合作社融资问题的研究还较少，主要集中在融资困境成因分析、融资瓶颈及制约因素、融资法律分析、金融服务与支持、制度设计及政策建议等方面。王文献和董思杰研究了农民专业合作社资金缺乏问题及成因，研究发现合作社独特的内在制度设计限制了其筹资能力，商业银行改革、银行与农民专业合作社信息不对称造成合作社筹资环境恶化，政府制度供给不足等因素造成合作社融资难题。⑤

---

① A. Harris, B. Stefanson, M. Fulton, "New Generation Cooperatives and Cooperative Theory," *Journal of Cooperatives*, vol. 11, 1996.

② M. L. Cook, C. Iliopoulos, "Defined Property Rights in Collective Action: The Case of US Agricultural Cooperatives," *Institutions, Contracts and Organizations*, 2000.

③ T. J. Richard, M. R. Manfredo, "Cooperative Mergers and Acquisition: The Role Capital Constraint," *Agricultural and Resource Economics*, vol. 28, no. 4, 2003.

④ J. R. Baarda, "Credit Rationing in Markets With Imperfect Information," *The American Economic Review*, 2006.

⑤ 王文献、董思杰：《农民专业合作社融资难问题的形成及原因分析》，《农村经济》2008年第12期。

刘俊从法律视角研究了农民专业合作社资本形成制度的设计问题，研究发现资本形成制度的不完备是造成融资紧张的主要原因之一。① 刘伟林和徐冰研究了农民专业合作社融资瓶颈及制约问题，其研究结论开放适合农民专业合作社的信贷模式和金融产品是解决融资难问题的有效手段被广泛认可。② 郑尚能从金融服务与支持缺位角度剖析了农民专业合作社融资难问题，并提出完善多层次农村金融体系，创造良好的政策环境等对策建议。③ 苑鹏就农村金融供需失衡等问题进行了研究，发现供不应求是问题存在的关键因素。④ 邓俊淼以河南社旗"农民专业合作社+农村信用社"模式为考察对象，研究了农民专业合作组织推动农户融资模式。⑤ 马丁丑等用实证方法分析了欠发达地区农民专业合作社信贷融资与成长发育之间的关系，研究发现，金融机构贷款和民间借贷对合作社成长发育的促进作用虽然都很明显，但当前农村金融机构支持与服务缺位的状况和农户资金追逐储蓄、吝于向合作社借贷的现象导致合作社获取信贷融资困难重重；而多数合作社因积累严重不足，其资产性投资只能依靠相对稳定的金融机构贷款；不稳定的民间借贷除了对缓解合作社季节性资金缺口起到关键的补充作用外，对资产性投资还起到了间接的支撑作用。⑥ 刘玉春、修长柏在分析农民专业合作社融资特征及融资困境原因的基础上，提出了强化农民专业合作社自身建设、建立灵活的互助机制及构建多元化的外部金融体系等对策。⑦ 倪细云、王礼力运用层次分析法和模糊综合评价法，从保障能力、发

---

① 刘俊：《农民专业合作社资本形成制度的设计与法律完善》，《求索》2008年第11期。
② 刘伟林、徐冰：《有效打破农民专业合作社融资瓶颈》，《中国金融》2009年第14期。
③ 郑尚能：《农民专业合作社发展中的金融服务缺位探析》，《农村经济》2009年第9期。
④ 苑鹏：《农民专业合作社的财政扶持政策研究》，《经济研究参考》2009年第41期。
⑤ 邓俊淼：《农民专业合作组织推动农户融资模式研究》，《农村经济》2010年第9期。
⑥ 马丁丑：《欠发达地区农民专业合作社信贷融资与成长发育的实证分析》，《中国农村经济》2011年第7期。
⑦ 刘玉春、修长柏：《破解农民专业合作社融资难的路径研究》，《前沿》2012年第13期。

展潜力、财务管理、环境因素和影响能力等五方面刻画合作社融资能力，建立农民专业合作社融资能力评价指标体系和测度模型。实证结果表明：农民专业合作社整体融资能力不强，财务管理和环境因素较弱，发展潜力大；各合作社之间的影响能力的差距大，保障能力整体较强。① 于战平以天津宝坻民盛种养殖专业合作社为对象，研究了基于产业共同体需求的农民专业合作社内部融资问题。② 楼栋等人分别研究了社员参与农民专业合作社资金互助社意愿及发展互助社的路径问题，尝试从构建互助社这一视角来解决合作社融资问题。③ 徐鹏等在分析农民专业合作社自身属性和存货质押业务特征的基础上，提供了合作社开展存货质押融资业务可行性和必要性的理由，并给出了其开展存货质押融资的运作模式。④ 张冀民和高新才研究了农业资产抵押融资问题，提出可采取分阶段投保模式，将农业资产转化为金融资产，并引入第三方担保机制，同时配套相关措施和制度安排，以解决农民专业合作社缺少抵押资产和第三方担保问题，做到合作社资金流入和流出在时间、数量和投入产出关系上的正确配比。⑤ 杨兆廷和孟维福以秘鲁咖啡生产合作社和我国黑龙江玉米种植合作社为研究案例，分析了农业价值链融资的运行机制、特点及成效，解读了目前国内农民专业合作社开展价值链融资面临的问题和障碍。⑥ 郭小叶等通过构建一个信号博弈模型框架，分析农村资金互助合作社对农村中小微企业融资的影响；

---

① 倪细云、王礼力：《农民专业合作社融资能力：测度模型与实证分析》，《求索》2012年第4期。
② 于战平：《基于产业共同体需求的农民专业合作社内部融资问题研究》，《区域金融研究》2012年第6期。
③ 楼栋、方晨晨、林光杰：《农民专业合作社内部资金互助参与意愿因素分析》，《西北农林科技大学学报》2013年第6期。
④ 徐鹏、黄胜忠、周雪敏：《农民专业合作社存货质押融资模式分析》，《西北农林科技大学学报》2015年第1期。
⑤ 张冀民、高新才：《农民合作社农业资产抵押融资模式研究》，《经济纵横》2016年第2期。
⑥ 杨兆廷、孟维福：《依托农业价值链破解农民专业合作社融资难：机制、问题及对策》，《南方金融》2017年第3期。

基于博弈模型的结构估计，能够较好地拟合农村资金互助合作社参与者—非参与者的融资额度分布。博弈模型的数值模拟结果表明：农村资金互助合作社的信用增级效应能够解释农村中小微企业融资额度溢价的89.87%。然而筛选效应的存在表明，农村资金互助合作社的规模盲目扩张可能导致参与者和非参与者的融资额度差距发生变化。[①] 申云等以农民专业合作社社员农户是否具有脱贫能力为视角，分析了自主发展模式与委托发展模式下农业供应链金融信贷的减贫机制。研究发现：自主发展模式下的农业供应链金融信贷主要通过产业发展、金融支持与风险防控三大利益联结机制来实现对社员贫困农户的"造血式"扶贫；委托发展模式下的农业供应链金融信贷主要以优化合作社内部治理结构和利益联结机制为前提，借助政府专项扶贫资金及贫困农户信贷资金的股权量化，发挥债权和股权等资产收益扶贫作用机制，增加无脱贫能力的贫困社员农户的财产性收益来达到减贫增收的目的。[②] 以上研究从不同的角度探讨了农民专业合作社融资问题，并提出了一些解决融资困境的路径，如"三方协议+互保联贷+同一账户+贴息保险""合作社+农村信用社""合作社内部资金互助社""从供应链金融视角考量的融资模式"，等等。

二、存货质押融资国内外文献综述

（一）存货质押运作模式

Koch 和 Harold 均指出，在业务模式方面，存货质押已由初期的公

[①] 郭小叶、张中岩、张海燕：《资金互助合作社对农村中小微企业融资的影响》，《西北农林科技大学学报》2018年第4期。
[②] 申云、李京蓉、杨晶：《乡村振兴背景下农业供应链金融信贷减贫机制研究》，《西南大学学报》2019年第2期。

共仓储发展为就地仓储，并进而根据客户自身情况量身定做；监控方式也由静态监控发展为动态监控，即贷款企业可以在保证质押物总价值不变的情况下，通过缴纳保证金、补充新的存货或根据银行的授权等方式取回质押物进行生产和经营。[①] 陈祥锋等在从中小企业融资困境、银行等金融机构竞争压力、第三方物流企业面临的激烈市场竞争三个方面分析融通仓形成原因的基础上，详细阐述了融通仓概念，指出融通仓实质上是物流与金融的集成式创新服务，它不仅可以为企业提供高水平的物流服务，也可以缓解中小企业融资难的问题，解决企业运营中现金流的资金缺口。[②] 郑鑫等指出了融通仓的三种基本运作模式：质押担保模式、信用担保（统一授信）模式和保兑仓模式。其认为在信用担保（统一授信）模式下，将申请贷款和质物仓储两项任务整合操作，减少了业务操作环节，提高了质押贷款的运作效率，降低了银行实施此业务的风险。[③] 陈祥锋等认为融通仓是个较为复杂的系统，不仅涉及多个企业之间的合作与协调，而且需要一套关键理论和技术的支撑，因此他们认为用系统的思想来研究和设计融通仓服务模式是保证其成功运营和健康发展的关键之一。为此，他们按系统的拓扑结构，将融通仓分为"纵向融通仓""横向融通仓""星状融通仓"和"网状融通仓"四类。[④] 应雯珺和仲文娜利用系统动力学分别模拟了有无资金约束条件下供应链系统的绩效，在比较资金约束对订购量、库存水平、累积利润影响的基础上，提出将融通仓的概念引入有资金约束的供应

[①] A. R. Koch, "Economic Aspects of Inventory and Receivables Financing," *Law and Contemporary Problems*, vol. 13, no. 4, 1948; F. B. Harold, "Form and Substance in Field Warehousing," *Law and Contemporary Problem*, vol. 13, no. 4, 1948.

[②] 陈祥锋等：《仓储与物流中的金融服务创新系列讲座之三：融通仓运作模式研究》，《物流技术与应用》2006 年第 1 期。

[③] 郑鑫、蔡晓云：《融通仓及其运作模式分析——中小企业融资方式再创新》，《科技创业月刊》2006 年第 12 期。

[④] 陈祥锋等：《仓储与物流中的金融服务创新系列讲座之五：金融供应链与融通仓服务》，《物流技术与应用》2006 年第 3 期。

链模型,并提出了一种解决资金约束问题的可行性方案;研究者还指出,国外对与融通仓相似的仓单质押业务研究起步较早,发展也比较成熟。[①] 闫俊宏和许祥秦在分析供应链金融核心理念及特点的基础上,针对应收款、预付款和存货分别设计了应收账款融资、保兑仓融资和融通仓融资模式,并对这三种模式进行了比较分析。[②] 张凯等在分析了我国现阶段对外贸易扩张瓶颈的基础上,研究了引入融通仓在推动对外贸易中的可行性及影响融通仓服务平台运行的关键,为融通仓的良好发展提供建议,并分析得出融通仓通过整合银行、企业、物流公司三方资源,使动产成为可控的质押品,为解决中小贸易企业融资难题提供了有效途径。[③] 何娟和沈红迎针对中小企业融资难现象,对比分析传统供应链金融与交易型电子商务平台的交易方式和融资模式,将传统供应链金融服务拓展到现货电子交易平台上,提出"云仓"这一新型商业模式。该模式提供供应链一体化服务,既可在线上进行交易担保并拓展商机,又可在线下提供融资支持和仓储物流服务,同时具有现货连续交易的价格发现机制,能更有效地解决中小企业融资瓶颈,提高商品流通效率,降低融资风险。[④] 徐鹏针对生鲜农产品供应链金融的运作模式进行了分析,依据参与成员间的关系,提出了委托模式、共同委托模式及联合授信模式三种类型。[⑤] 杨玉梅分析了供应链金融的起源,明确了供应链金融的内涵,并运用信贷配给理论,阐明了供应链金融促进中小企业融资的内在机制,并从业务模式和营销模式两方

[①] 应雯珺、仲文娜:《融通仓模式在解决供应链资金约束问题中的应用》,《物流技术》2006年第11期。

[②] 闫俊宏、许祥秦:《基于供应链金融的中小企业融资模式分析》,《上海金融》2007年第2期。

[③] 张凯、董千里、尚鸿雁:《中小贸易企业融通仓融资模式应用研究》,《物流技术》2008年第8期。

[④] 何娟、沈红迎:《基于第三方电子交易平台供应链金融服务创新》,《商业经济与管理》2012年第7期。

[⑤] 徐鹏:《第四方物流参与下生鲜农产品质押融资运作模式》,《科技和产业》2013年第8期。

面研究了商业银行供应链金融的运作模式。[1]

(二)存货质押融资风险管理

唐少麟和乔婷婷用博弈分析的方法从风险控制的角度论证了对中小企业开展融通仓的可行性,指出相应的风险可以通过规范管理制度和采用新的管理工具加以有效控制。[2] 徐明川分析了仓单质押的三种盈利模式,同时也指出了经营过程中可能存在的诸多风险,如市场风险、技术风险等,因此他在详细分析了仓单质押所面临的风险的基础上,结合我国开展仓单质押业务的实际,分析了仓单质押的风险规避方法。[3] 陈宝锋等认为,采取有效的价值风险控制方法对存货质押融资业务的发展有着重大意义。他们在动态控制存货价值量下限的质押方式下,考虑市场的有效流通速度、持仓量以及物流企业变现能力对变现时间的影响,构建变现时间模型,提出度量价值风险模型。陈宝锋等还对贷款价值比率、贷款利率、持仓量、物流企业变现能力进行敏感性分析,发现贷款价值比率对价值风险最为敏感,其次是持仓量、物流企业变现能力,而贷款利率对价值风险不敏感。[4] 张凯和董千里指出,以往学者对仓单质押融资业务流程和潜在风险的研究存在两方面的问题:一是较少结合我国实际,缺乏对适合我国实际的仓单质押业务操作方案的研究;二是没有看到操作流程与风险防范的联系。他们在此基础上,认为风险防范的关键在于事中控制,要通过流程改造控制业务风险,总结出适合我国银行与企业发展现状的仓单质押融资

---

[1] 杨玉梅:《商业银行供应链金融的运作模式研究》,《西南金融》2015 年第 6 期。
[2] 唐少麟、乔婷婷:《发展物流金融 强化供应链整合——物流金融系列研讨之一》,《物流技术》2006 年第 2 期。
[3] 徐明川:《仓单质押盈利模式及其风险规避研究》,《中国流通经济》2007 年第 11 期。
[4] 陈宝锋、冯耕中、李毅学:《存货质押融资业务的价值风险度量》,《系统工程》2007 年第 10 期。

业务操作方案，还提出了控制风险的具体措施。[①] 杨娟等指出，由于传统银行的贷款业务主要是固定资产抵押贷款，而多数中小企业可作为抵押的固定资产有限；通过仓单质押模式，可以让企业利用流动资产实现融资，为解决银行"存贷差"开拓了新的放贷模式。他们还通过对仓单质押业务的模式分析，从借款人资信风险、内部管理风险、外部环境的风险和技术风险四个方面建立了仓单质押的风险评估指标体系。[②] 何娟在归纳融通仓风险因素架构（质物风险、监管风险、信用风险、技术风险、法律风险）的基础上，建立了融通仓的风险评价指标体系，同时指出，由于融通仓参与主体的多元化，导致运营中的风险具有复杂性、主观性和模糊性。因此他们尝试运用结构方程理论，建立风险评价模型，同时采取模拟试验方法运行模型，得出相关评价结论，为融通仓风险测评、预警和控制提供较为有意义的参考和建议。[③] 何娟等认为，消费企业由于其自身企业特性，使得其在生产经营中面临较大的风险，而这种风险在融通仓模式中又会转嫁到银行上面，使得银行对于消费企业的融通仓的风险管理的需要更为迫切。他们结合消费型企业的特点，分析得出消费型企业融通仓风险管理的框架，以期为完善消费型企业融通仓风险管理相关问题的进一步研究提供一个平台。[④] 张云丰和王勇将突变级数模型进行拓展，并应用于存货质押融资项目风险的诊断过程。突变级数模型利用归一公式机理本身来决定属性对决策目标的重要程度，因而不需要考虑属性客观权重。[⑤] 田红英

---

① 张凯、董千里：《仓单质押贷款业务发展的操作方案与风险控制研究》，《物流技术》2008年第5期。

② 杨娟、任晓艳、时广静：《仓单质押业务的模式及其风险评价指标体系的建立》，《商场现代化》2008年第6期。

③ 何娟：《基于结构方程模型的融通仓风险因素评价研究》，《南京社会科学》2008年第7期。

④ 何娟、王建、蒋祥林：《存货质押业务质物组合价格风险决策》，《管理评论》2013年第11期。

⑤ 张云丰、王勇：《基于突变级数模型的存货质押融资风险诊断》，《工业技术经济》2014年第7期。

等在贷款利率市场化条件下，综合考虑中小企业的投资收益率和项目成功率、银行的贷款利率和质押率，以及声誉价值等因素，针对中小企业的借款违约风险和道德风险，分别建立银行与中小企业的不完全信息静态博弈和有限理性下的演化博弈模型并求解。结果表明：银行通过设置适当的贷款利率和质押率，可以有效控制中小借款企业的融资风险，促使其投资风险更小和收益更合理的项目，以实现满意的借款履约率；而减少核查成本、加大违约处罚，并且采取声誉价值与诚实奖励相结合的双重激励机制，可以有效防范中小企业道德风险，促使其采取诚实经营策略。[1] 顾敏结合线上供应链金融的特点，对其进行了分类，并给出了分类的依据。[2] 李雅琪详细对比了线上、线下供应链金融风险要素的变化，提出了防范线上供应链金融业务风险的举措。[3] 李志华采用比较分析范式，分析了线下供应链金融的三种模式与基于 B2B 平台的线上供应链金融的三种运作模式的区别，总结了每种模式的风险要素并提出了风险防范的对策。[4] 何昇轩和沈颂东采用层次分析法，研究了线上供应链金融风险评估问题。[5] 徐鹏研究了线上农产品供应链金融的风险指标评价体系的构建问题，并运用层次分析、结构方程模型等分析方法对线上农产品供应链金融风险进行了评价，提出了防范对策。[6]

---

[1] 田红英等：《考虑中小企业收益的存货质押融资风险控制》，《中国流通经济》2018 年第 5 期。
[2] 顾敏：《电商企业供应链金融模式初探》，《商业经济研究》2015 年第 18 期。
[3] 李雅琪：《B2B 平台线上供应链金融风险识别与防控》，《商业经济研究》2015 年第 19 期。
[4] 李志华、史金召：《供应链金融的风险识别与防控——基于线下、线上模式的比较》，《商业经济研究》2015 年第 8 期。
[5] 何昇轩、沈颂东：《基于第三方 B2B 平台的线上供应链金融风险评估》，《东南学术》2016 年第 3 期。
[6] 徐鹏：《线上农产品供应链金融风险防范研究》，《华南农业大学学报（社会科学版）》2016 年第 6 期。

（三）存货质押融资贷款价值比率

李毅学等指出，确定合适的贷款价值比率能够使银行有效地降低存货质押融资业务的信用风险。因此，他们沿着简化式的思路，综合考虑了外生的企业违约概率、质押存货的价格波动率、贷款的周期和盯市频率等因素的影响，为银行在保持风险容忍水平一致的情况下确定特定存货质押融资业务的相应贷款价值比率提供了一个基本模型；同时，针对存货质押融资的现状，将清算延迟、流动性风险和非零的触发水平等情况引入基本模型中进行拓展研究。[①] 李毅学等针对价格随机波动的存货，应用"主体+债项"的风险评估策略，研究下侧风险规避的银行在质押存货的期末价格服从一般分布和几种具体分布时的质押率决策，进而在理论推导基础上，以实际中银行和物流企业合作开展的存货质押融资业务为背景进行案例分析。他们的研究表明，只要贷款期末价格分布已知，就能求出静态质押方式下质押率的解析式。[②] 李毅学等沿用简化式的思想，假定借款企业违约事件外生并服从重随机泊松过程，建立了一个有关贷款价值比率的模型。他们的模型综合考虑了银行的风险偏好、质押商品的预期收益率和价格波动率、贷款周期和盯市频率等因素的影响，为银行在保持风险容忍水平一致的情况下确定特定库存商品融资业务的相应贷款价值比率提供了科学依据。[③] 何娟等考虑了收益自相关特征情况下质押率确定问题。[④] 陈云

[①] 李毅学、徐渝、冯耕中：《标准存货质押融资业务贷款价值比率研究》，《运筹与管理》2006年第6期。

[②] 李毅学、汪寿阳、冯耕中：《价格随机波动下存货质押融资业务质押率研究》，《系统工程理论与实践》2007年第12期。

[③] 李毅学、汪寿阳、冯耕中：《物流金融中季节性存货质押融资质押率决策》，《管理科学学报》2011年第11期。

[④] 何娟、蒋祥林、朱道立等：《考虑收益率自相关特征的存货质押动态质押率设定》，《管理科学》2012年第3期。

等研究了在清算延迟及流动性风险约束下的质押率确定问题。[①]孙喜梅和赵国坤研究了信用乘数、存货质押量、回购价、回购率、银行的损失规避程度等诸多要素对银行质押率的影响。研究表明：供应链融资情况下的最优质押率高于零售商单独融资情况下的最优质押率；一定条件下，银行质押率与核心企业信用乘数、回购参数正相关，质押率和存货质押量、银行风险厌恶程度负相关。[②]周咏等针对存货质押融资业务中的质押率决策问题，基于存货价格和需求不确定及融资违约概率不同的现实假设，以期望收益最大化为目标，利用分段函数构建了存货质押融资收益模型，运用解析方法求解，得出存货质押融资的最优质押率。[③]

（四）存货质押融资契约设计

于萍等研究了存货质押三方契约中信贷人与物流企业之间的委托代理关系，指出当信贷人本身信息能力有限且物流企业的信息优势和努力程度对于增加信贷人的期望利率收益相当重要时，宜采用分成合约；当信贷人本身已经具有相当的信息能力时，可采用固定委托合约；当物流企业的信息能力对于期望利益收益至关重要时，宜采用固定租金合约。[④]王文辉等指出，融通仓模式下的信贷合约设计模型建立在将银行作为单一的决策主体的前提之下，仅按企业的风险类别区分不同债务人，忽略了其行为决策；或考虑企业的行为，但并未放到分散

[①] 陈云、刘喜、杨琴：《基于清算延迟和流动性风险的供应链存货质押率研究》，《管理评论》2015 年第 4 期。

[②] 孙喜梅、赵国坤：《考虑供应链信用水平的存货质押率研究》，《中国管理科学》2015 年第 7 期。

[③] 周咏等：《价格和需求不确定下存货融资质押率优化研究》，《系统工程学报》2018 年第 1 期。

[④] 于萍、徐渝、冯耕中：《信贷人存货质押贷款中最优质物甄别合同研究》，《运筹与管理》2007 年第 4 期。

决策的背景下进行研究。而现实当中，对于许多企业特别是资金短缺的中小企业来说，融资约束直接影响其投资行为，这反过来又会影响银行的期望收益水平和承担的风险比例。基于此，他们在垄断银行最大化期望收益的信贷合约设计模型的基础上，引入了企业方的决策行为，将集中决策下的项目成功概率动态化，然后重点讨论了对称信息下存货质押融资业务中企业的借贷行为决策与银行间的博弈关系，得出了银行利率与企业努力水平的均衡解。[①] 徐鹏等指出，在融通仓业务中第三方物流企业努力工作和积极参与是融通仓有效运作的关键因素，因此如何促使其努力工作是一个非常重要的问题。他们运用委托代理理论，研究银行激励和监督第三方物流企业努力工作的问题。模型给出银行对第三方仅采用激励以及激励和监督相结合两种情况下的均衡结果，并对两种结果进行比较，然后对模型做进一步分析。结果显示：与仅用激励手段相比，银行采用激励和监督相结合的手段会使第三方物流企业更加努力工作。[②] 白少布和刘洪基于委托代理模型，从信息对称和信息不对称两个方面讨论了供应链金融业务开展过程中供应商与制造商间的激励机制设计问题，发现在不同的状态下，委托人可以通过设计恰当的契约来促使代理人努力工作。[③] 何娟等采用博弈论方法探讨了供应链金融业务中银行防范物流企业和借款企业合谋骗贷问题。[④] 史金召等研究了在线供应链金融中银行与B2B平台的激励契约问题，并强调了电子订单融资需求量大，是业界主推的模式。[⑤] 汪克峰和石岿

[①] 于萍、徐渝、冯耕中：《信贷人存货质押贷款中最优质物甄别合同研究》，《运筹与管理》2007年第4期。

[②] 徐鹏、王勇、杨金：《共同委托仓单质押下银行对3PL的激励和监督》，《科研管理》2010年第3期。

[③] 白少布、刘洪：《供应链融资的供应商与制造商委托代理激励机制研究》，《软科学》2010年第10期。

[④] 何娟、王建、蒋祥林：《不完全信息下存货质押业务防合谋机制设计》，《软科学》2012年第7期。

[⑤] 史金召、郭菊娥、晏文隽：《在线供应链金融中银行与B2B平台的激励契约研究》，《管理科学》2015年第5期。

然从博弈论视角研究了银行对B2B平台的委托代理演化进程,并分析了考虑公平偏好因素的激励设计问题,得出了一些新的结论。[①] 徐鹏等针对存货质押融资业务中物流企业的道德风险,运用委托代理理论研究了有核心企业参与下的银行与物流企业间的激励契约设计问题。[②]

本章小结

在我国,农民专业合作社利用存货质押融资模式进行融资是一个新的尝试,面临诸多挑战。这一尝试是否在理论上科学、实践中有效,需要印证。由此,需要剖解其存在的理论基础,并回顾相关研究,以寻求支撑,保障操作的可行性。在此背景下,本章在分析存货质押融资相关概念的基础上,分析了存货质押融资业务开展的理论基础,并系统回顾了相关文献,为其运作模式设计及风险防范等问题的研究提供理论支持。

---

① 汪克峰、石岢然:《基于公平偏好的银行对B2B平台的激励机制研究》,《金融理论与实践》2016年第10期。
② 徐鹏、伏红勇、王磊、彭选华:《农产品供应链金融中银行对3PL的激励监督机制研究》,《管理评论》2018年第10期。

第三章 农民专业合作社存货质押融资运作模式

引 言

党的十七届三中全会旗帜鲜明地提出,要"扶持农民专业合作社加快发展,使之成为引领农民参与国内外市场竞争的现代农业经营组织"。近年来,农民专业合作社在全国范围内获得了长足发展。据国家工商总局统计,至 2013 年二季度末,全国依法注册登记的农民专业合作社实有 82.8 万户,入社成员超过 6540 万人,约占全国农户总数的 25.2%。农民专业合作社已经广泛介入农业各产业和各生产环节,在创新农业经营体制、健全农业社会化服务体系、带动农民增收致富、完善农村商品流通体系等方面正在发挥着不可替代的重大作用。[①] 但是,农民专业合作社在发展过程中也遇到了诸多瓶颈,其中融资难是重要瓶颈之一。如何缓解合作社融资难成为实业界和理论界共同关注的问题。

从前文分析中发现,一方面农民专业合作社的发展需要大量资金,但由于运作机制不畅、制度设计缺陷、规模较小、盈利能力较差等因素,绝大多数合作社很难获取银行贷款,加之合作社缺乏固定资产用

---

① 周杰、黄胜忠:《农民专业合作社联合模式分析——基于交易价值视角》,《西北农林科技大学学报》2014 年第 6 期。

于抵押，造成融资困难，发展资金不足。然而，另一方面，农民专业合作社经营的农产品，统一采购的农资、原材料等暂时闲置的存货大量存放在基地或仓库中，占用许多资金。所以，发展新的融资模式以盘活农民专业合作社的沉淀资金是缓解其融资困境的一条有效途径。

第一节　农民专业合作社开展存货质押融资的现实需求

一、农民专业合作社发展资金匮乏的需要

为了解合作社发展资金现状，项目组成员针对合作社发展资金现状问题对重庆市多家农民专业合作社进行了实地调研、访谈，包括：万州区小岩无公害蔬菜专业合作社、梁平县六合水产养殖专业合作社、涪陵区文观大米专业合作社等。合作社遍布重庆各区县，且类型较多，所以选择位于重庆的合作社作为调研对象具有较强的代表性。对重庆市农民专业合作社实地调查结果进行分析发现，大多数合作社缺少发展资金，资金缺口在 10 万到 20 万这个区间的合作社数量最多，约占总数的 75%，需求数额位于 20 万到 30 万之间的比重约为 15%，资金需求额超过 30 万的合作社数量比重约为 8%。农民专业合作社成立注册的门槛低，注册资本要求不高，所以法人财产很少。加之农民经济收入主要来自于种地所得粮食的售卖，收入有限，又缺乏其他收入来源，使得其经济实力较弱，剩余资金较少。此外，针对农民的社会保障机制不完善致使其在选择投资时更倾向风险小、收益稳定的投资机会，显然合作社，尤其是处在发展初期的合作社不能满足他们的投资预期。另一方面，目前多数合作社的成立皆由村中大户或拥有较多资源、技术、关系等的人员发起，组建之初未对入社的农户在资金或会费方面提出要求，也未构建完善的社员股金缴纳、退出、使用等机制。

种种客观现实造成农民专业合作社成立时获得的资金数额很小。存货质押融资是专门为中小企业及组织破解融资困局而催生的一种新型融资模式,实践表明,存货质押融资已被许多中小企业应用并成功取得所需发展资金,与通过非正规途径获取资金相比,存货质押融资成本明显较低,这有助于合作社健康发展和快速成长。

二、传统融资模式不畅的需要

我国农民专业合作社多数成立不久,发展时间较短,处在发展阶段。在该阶段的合作社,通常具有资产规模小、经营收益低、合作内容单一、制度不完善等特点。通过实地调研发现,处于发展初期的农民专业合作社固定资产（设备、厂房、办公住所等）非常少,部分合作社甚至需要通过租赁的方式获得经营办公场地；合作方面,多数合作社停留在帮社员统一采购、销售、简单加工等层面上,开展深加工及产业链延伸的很少；盈利方面,多数合作社的盈利能力较差,盈利水平较低,导致留存的利润通过二次返利等分配方式进行分配后所剩无几。合作社的这种现状,使得其通过信用融资、固定资产抵押融资、第三方担保融资等传统方式很难足额得到所需资金,调查显示,合作社通过正规方式融资的比重很低。

三、"三农"问题亟待解决的需要

我国经济经过四十多年的快速发展,城镇居民生活状况及城镇环境、基础设施等得到了极大改善,而在这个过程中,农民、农村和农业没有获得与经济快速发展程度相匹配的社会发展福利,这造成了城乡二元现象,城镇与乡村的发展状况形成较为鲜明的对比。农民、农村和农业是社会稳定、国家富足安康的一个不可或缺的部分,所以反哺农业、农村和农民是经济发展规律的必然，是缩小城乡差距的需要，更是实现全面富裕、全面小康的需要。基于此，连续 12 年来，中央一号文件皆以"三农"问题作为首要议题，足见党和政府已经意识到并着手改善这一不均衡发展的状况。为了更好地解决"三农"问题，扶持和发展农村经济组织是一种有效方式。基于这样的理念，以增加农民收入、促进农村繁荣和促进农业现代化为初衷的农民专业合作社迎合了时代需求，在相关法律政策的支持下，这一组织如雨后春笋般涌现。显然，这欣欣向荣的局面与政府的大力引导和直接或间接扶持不可分割，在政府不断的政策倾斜的情形下，农民专业合作社在持续地发展壮大，向多元化、产业化、链条化等方向深入和发展，为增加农民收入，活跃农村经济及促进农业规模化、现代化提供了有效路径。总之，农民专业合作社的健康发展有利于"三农"问题的顺利解决；而存货质押融资的开展有助于缓解农民专业合作社发展资金不足，促进其健康有序发展。

四、存货质押融资匹配合作社发展现状的需要

尽管农民专业合作社在政府的扶持下已开始发展壮大，但由于其发展的时间短、发展资金不足等困难存在，使得目前大多数合作社仍处于发展初期，以收购或销售简单的农产品，或代购农业生产资料等业务为主。它们多数规模小，固定资产数额少，所以通过固定资产抵押、无担保贷款等方式很难获得资金，探索适合合作社现状的融资路径无疑对缓解其融资困境具有重要意义。存货质押融资是专门针对中小企业缺乏抵押资产及第三方担保等情形而设计的一种新型融资模式，是以企业暂时闲置的存货作为质押物进行融资的模式类型。在合作社中，一方面固定资产少，另一方面拥有较多且暂时闲置的存货，如集中购置的生产资料、等待加工的原材料、尚未完工的半成品、已完工

且等待销售的产成品、处在生长中的农作物、正在饲养的牲畜等,这些暂时闲置的存货无疑挤占了合作社大量资金,致使本就不宽裕的资金更为紧张。所以,盘活存货,让被挤占的资金重新流动起来,是目前合作社应努力探索的方向。存货质押融资业务的开展不仅可以帮助合作社把沉淀资本变成流动资金,也能享受第三方物流提供的专业物流服务,同时又能深度融入所在产业的产业链中,巩固与核心企业的关系。

五、财政资金补助不足的需要

自从农民专业合作社诞生以来,许多政府部门都陆续制定并实施了一系列扶持、补助等政策,从多角度、多渠道持续提高对合作社的支持水平;从中央财政到地方财政、从财政资金到民间资本等,都陆续增加对合作社的支持力度。尽管如此,从合作社获得资金帮扶的情况来看,离农民专业合作社"井喷式"发展的速度所需的资金还相差甚远,甚至很多合作社根本就没有得到过公共财政的帮扶,换言之,仅有为数不多的合作社享受到了公共财政的福利。综上分析可知,农民专业合作社获得财政资金极度有限的现状为其探寻新的融资路径提供了客观基础,存货质押作为新的融资模式契合了合作社发展的现状,加之存货质押业务的实践经验日趋丰富,理论研究逐渐完善,皆为合作社成功开展存货质押融资提供了基础和保障。

第二节 农民专业合作社开展存货质押融资的现实基础

一、合作社存货种类丰富

《农民专业合作社法》明确界定了农民专业合作社的组织性质:具

有法人资格的独立经济组织，且市场经济地位也被认可。既然是一个独立的经济组织，自然其在经营过程中会拥有或控制各种类型的经济资源，其中包括固定资产、存货（农产品、加工产品、半成品、产成品、生长中的动植物、家禽等）等。现阶段，多数合作社可拿来抵押的固定资产严重缺乏，因为它们规模较小，经营运作主要靠租用仓房设备来进行，加之社员个人房屋、土地及其他固定资产在入社时不愿带入合作社，所以合作社缺乏贷款时金融机构看重的抵押物，致使贷款难度增加。不过合作社在发展过程中时常拥有为数不少的存货，如购买的农业资料、生产加工用的原材料、饲养中的家禽、生长中的农作物、加工完成的产品等，这些存货因为生产经营的生产周期、流程等原因会被暂时闲置。闲置的存货挤占不少资金，使得合作社发展资金进一步匮乏，因此设法盘活这些存货，使"死"的资产变成"活"的资金意义重大；而存货类型丰富，规格明确且权属清晰，是合作社开展存货质押融资的基础。

二、存货质押实践经验丰富

存货质押融资具有诸多功效，能让参与各方实现共赢，正因如此，该业务在实践中呈现快速发展的良好局面。中储运自1999年首次尝试存货质押融资，至今已与多家银行合作，为数千家中小企业提供了存货质押融资服务，质押存货类型丰富，包括黑色金属、棉花、食品、家电、煤炭等；业务中，用于质押的货物价值累计达数百亿元。除中储运外，其他大型物流公司如中远、中海、中铁等纷纷踏入该领域，积极摸索业务开展模式。银行等金融机构面对如此好的盈利机会也不甘示弱，除深圳发展银行外，中信银行、国家开发银行、建设银行及交通银行等也积极参与到了存货质押业务的队伍中来。近年来，专家学者对存货质押进行了系统研究和探索，并将研究成果成功应用于业务实践，为东西部地区的诸多中小企业解决了发展资金缺乏问题，数百家企业由此重新开门生产，数万工作岗位被保留下来。联想、京东、阿里、苏宁等采用存货质押等方式为成千上万家中小企业提供了发展资金。随着业务的日渐成熟，质押模式和监管方式已多样化：质押模式由开始时的静态质押演化为现在的动态质押，监管方式也由单一的监管方式（异地监管）发展到多种监管方式（异地监管、就地监管、现场监管、视频监管等）。此外，风险控制方法也由单一的经验判断发展为科学决策等，由最初注重事中控制及事后弥补发展为事前的预警、评价等。总而言之，存货质押融资业务实践在中小企业身上的成功运作，无疑为农民专业合作社存货质押融资业务的开展提供了实践参考和经验借鉴。

三、存货质押理论体系完善

存货质押具有多重功效，正因如此，自其诞生起就得到了理论界的普遍关注，许多学者针对该业务中存在的问题从多个角度展开了全方位研究：从运作模式（仓单质押、订单质押、保兑仓、应收账款、融通仓等）、案例介绍到国外经验比较，从激励监督契约设计、平仓线控制、贷款价值比率确定到资金约束下的库存管理，从单一企业的融资、库存决策到基于供应链背景下的融资、库存决策等。现有研究已从理论层面对存货质押问题进行了系统研究，理论体系日渐完善，无论在操作方式、运作路径，还是在风险控制、库存管理等方面，都为合作社开展该业务提供了理论指导和决策借鉴。

四、农村物流网络发展快速

在我国，金融机构被禁止从事非金融业务，这为物流企业参与存货质押融资业务提供了现实条件。此外，农民专业合作社大多植根农村，与农业密切相关，所生产经营的货物多为农产品，所以其存货类型主要为生产资料、半成品、完工产品等农产品形态；而农产品与其他产品有所不同，具有易变质、易毁损、易受天气影响、价格波动幅度大等特点，这导致农产品质押融资更需物流企业的参与，且要求的是高水平物流企业。物流企业不仅要提供基础物流服务，还需提供方案设计、优化、运作等高水平服务。我国物流业经过多年发展，开始逐渐演变得成熟壮大；物流企业的经营主业由最初提供基础物流服务逐渐演化至能够提供高端、个性化的物流服务，从提供单一服务演变为能够提供综合服务，服务范围从局限于某个区域扩大到全国甚至全球；服务能力不断提高，服务网络不断扩延及完善。由于竞争加剧及利润追逐的驱动，很多物流企业的服务领域和网络已逐渐渗透到广大乡村。物流业布局农村，占领农村市场，扩展利润渠道，这为合作社存货质押融资开展过程中质押物转移、流通提供了保障。

五、合作社发展扶持政策持续

《农民专业合作社法》明确界定了合作社的法人性质及市场地位，标志着我国农民专业合作社在发展生产、建设现代农业和社会主义新农村、构建农村和谐社会中的舞台将更加宽广，地位将更加突出，作用将更加明显。为促进农民专业合作社健康发展，《农民专业合作社法》及相关税法条例等明确规定国家应在如下四个方面对农民专业合作社进行帮扶：政策倾斜、财政扶持、金融支持、税收优惠。农民专业合作社的建设与发展从此有了特别的政策扶持的法律依据。为保障相关政策落实和执行到位，该法律同时明确了各级农业行政主管部门的职责，规定了各级农业行政主管部门应依法指导农民专业合作社的建设与发展，不得推诿与懈怠。合作社帮扶政策的存在及持续，为合作社存货质押融资业务提供了制度、法规保障。

第三节　农民专业合作社存货质押融资的主要运作模式

尽管存货质押业务吻合当前合作社固定资产少及存货较多的发展现状，但不能回避的现实是，大多数合作社采购、销售或经营的是农产品、低值易耗品、初级半成品等弱质型物质，这些存货质地不稳、易腐蚀、价格波动较大，难于储存和监管。合作社存货的这些特征造成银行等金融机构不愿意对其开展存货质押业务，进而影响存货质押业务功效的发挥，无法很好惠及合作社的发展。所以打消银行顾虑，让银行放心放贷关乎该业务能否顺利开展、合作社能否获得足额资金等重大问题。解决这一问题的方式之一是让其他担保主体参与到业务中来：其他担保主体的参与可进一步保障银行信贷的安全，这无疑会提高银行开展存货质押融资业务的积极性，进而缓解合作社发展资金不足问题。本书根据担保主体的不同提出了专业担保公司担保、供应链核心企业担保及合作社联合担保三种合作社存货质押融资模式。

一、专业担保公司担保下的存货质押融资模式

专业担保公司担保下的存货质押融资是指农民专业合作社把其闲置的存货（农产品、半成品、集中购置的农资、原材料等）作为质押物向银行等金融机构申请贷款，银行委托第三方物流公司监管质押物，并根据质押物特性和农民专业合作社自身情况，授予其一定信贷额度，且由专业担保公司对信贷额进行担保的一种融资模式。

这种模式的基本流程为：首先，农民专业合作社向银行申请贷款。银行要求农民专业合作社把存货存置在其指定的第三方物流仓库中，

并把质押物的价值评估、运输、价格波动监管、储存及违约处置等作业委托给第三方物流。由专业的第三方物流操作这些业务效率会更高，交易成本会更低。此外，银行会要求第三方物流协助监督农民专业合作社运行情况，第三方物流与中小企业长期往来，相较银行更为熟悉一线市场状况。然后，银行根据存货特性及专业担保公司承诺的担保协议，给予合作社一定价值比率（信贷额占质押物价值的比例）的信贷额度。价值比率的高低主要取决于质押物的状况，若质押物质地稳定，价值波动小，易储存，则银行会给予较高的价值比率。当农民专业合作社归还部分或全部贷款时，银行指示第三方物流根据还款金额释放等值质押物，用于其生产经营，即动态质押。这种质押方式有利于减少对合作社生产活动的影响。

在该模式中，专业担保公司的类型可以多样化，既可以是专门为中小企业贷款进行担保的公司和由政府成立的旨在扶持农民专业合作社的救助基金，也可以是由其他大型公司成立的专门从事为农民专业合作社等担保的金融服务公司。因银行信贷有专业担保公司为其担保，所以信贷风险可以得到有效控制，加上农民专业合作社用于质押的存货在质押后控制权暂时为银行所有，这进一步降低了银行信贷风险。该模式运作流程如图 3.1 所示。

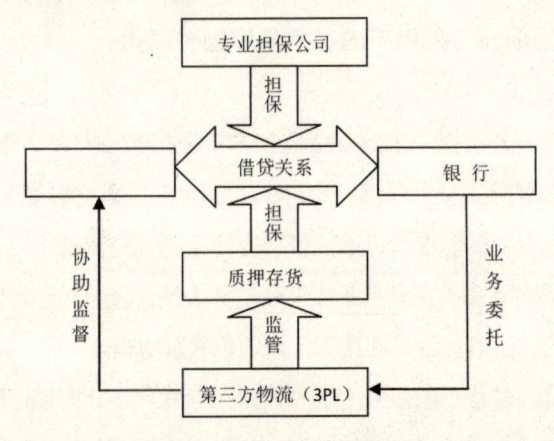

图 3.1 专业担保公司担保模式

二、供应链核心企业担保下的存货质押融资模式

供应链核心企业担保下的存货质押融资是指农民专业合作社以其暂时闲置的存货（农产品、半成品、集中购置的农资、原材料等）作为质押物向银行等金融机构申请贷款，银行等委托第三方物流对质押物进行价值评估、监管、处置等，合作社所在供应链上的核心企业（农产品龙头企业、物流企业、超市等）为其融资进行担保，银行综合质押物特性及农民专业合作社状况授予其相应信贷额的融资模式。

此模式与专业担保公司担保模式的差别是，担保主体由专业担保公司变为供应链上的核心企业。相较专业担保公司，核心企业对担保业务知识的熟知度较差，增加了业务风险。但此模式的优点在于供应链核心企业对合作社相关信息的了解更加深入，因为双方同处一条产业链上，为上下游企业关系，在日常的作业活动中往来密切，彼此对对方的财务制度、产品类型、运行状况、经营模式较为熟知；这不仅有助于消除信息不对称所带来的担保风险，也有助于促进在整个产业链条中信息的进一步共享。供应链核心企业类型可以为大型物流企业、龙头企业，也可以是农贸市场或终端超市等，这取决于合作社所在产业链条的类型及企业自身的实力；核心企业需具有一定的条件，如规模大、技术水平高、人才丰裕、资金实力雄厚、竞争优势明显等。在这种质押融资模式中，银行除关注质押物质地、价格变动及合作社运行情况等因素外，也会关注供应链核心企业的经营、财务等情况，以确保信贷资金的安全。

这种模式并不适合所有合作社采用，主要针对已置身供应链链条中的合作社，它们与其他企业形成了紧密的上下游关系，且合作社原料的供应及时与否、质量高低会影响供应链其他企业的绩效。只有在这种情况下，链条上的核心企业才有意愿为其担保。

供应链上的核心企业通常在资金、人才、技术、财务等方面都具有较大优势，在得到这类企业担保的情况下，银行会提高开展该融资

业务的积极性，这无疑有利于缓解农民专业合作社发展资金不足等问题，促进其健康发展。该模式运作流程如图3.2所示。

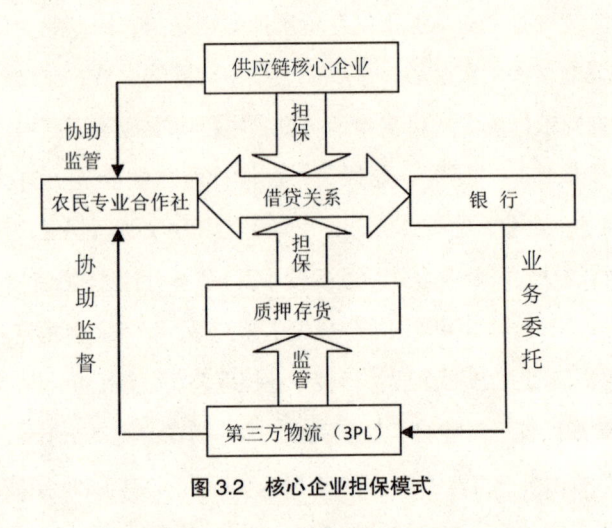

图3.2　核心企业担保模式

三、农民专业合作社联合担保下的存货质押融资模式

农民专业合作社联合担保下的存货质押融资是指农民专业合作社为缓解资金短缺，以其闲置的存货（集中采购的农资、原材料、生产加工的半成品、产成品等）向银行等金融机构质押融资，银行根据农产品的特性及农民专业合作社的综合情况委托第三方物流对质押物进行价值评估、运输、价格监测、违约处置等，其他农民专业合作社、合作社内部互助社或社员担保小组为其贷款提供担保的一种融资模式。这种模式是有其他农民合作社、合作社内部互助社或社员担保小组联合担保参与的一种融资模式。

该模式相对专业担保公司担保模式和供应链核心企业担保模式具有更强的信息优势。担保主体其他合作社是指区域位置相邻、业务往来密切或经营加工项目互补的另一合作社，多个合作社彼此间进行联合担保是共赢的局面。合作社内部互助社或社员担保小组是本社社员在自愿基础上成立，为合作社或社员的资金需求服务的一种担保主体，自然对合作社运作情况最为熟悉。在这种模式中，其他合作社可以协助银行监督借款人的运行情况及资金使用去向，有效降低借款人违约的风险。至于担保方式，可有以下三种：一是当一个合作社进行存货质押融资时，其他合作社提供传统意义上的贷款担保；二是当一个合作社进行存货质押融资时，其他合作社提供生产经营或闲置的存货进行补充担保，此情况是由于融资合作社自身存货不足或质押期间存货价值下降，需要增加质押物数量以平衡质押物价值损失等导致的；三是几个合作社共同出资，构建联合担保基金，当合作社进行存货质押融资业务时，由联合担保基金进行担保。这种双重担保可有效缓解银行疑虑，提高合作社获取银行信贷的概率及信贷额度。

这种模式适用于地缘优势较好，且内部成立了资金互助社的合作社。地缘优势好意味着在其周围存在一些关系较好的其他合作社，在彼此出现困难时相互提携和辅助。内部资金互助社的成立一方面在合作社出现少量急需资金时可以应急，另一方面可以向外界彰显合作社及其社员会努力促进其自身发展的预期，易于获取银行信任，进而获得信贷资金。该模式运作流程如图 3.3 所示。

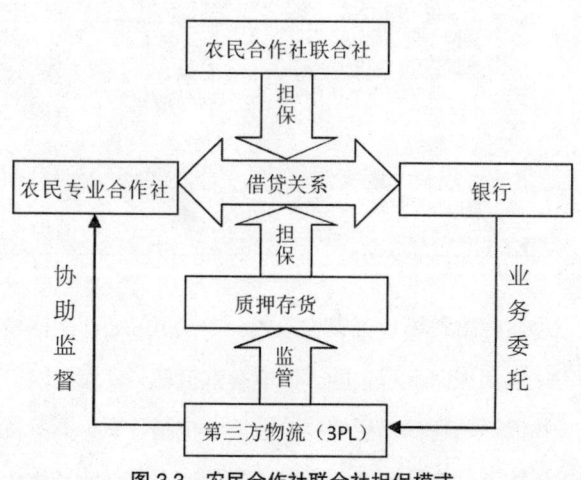

图 3.3 农民合作社联合社担保模式

四、三种运作模式差异比较

为更好地了解几种模式的差异，本章从如下几个方面对以上三种模式进行了分析比较，比较内容见表 3.1。

表 3.1　农民专业合作社质押融资运作模式差异比较分析

事项	专业担保公司担保模式	供应链核心企业担保模式	合作社联合担保模式
担保主体	专业担保公司	核心企业	其他合作社或内部社员
担保主体类型	专门的担保公司、政府扶持成立的帮扶基金、大公司成立的专门服务合作社的金融部门等	物流企业、农贸市场、具有较强实力的生产企业、超市等	业务互补或区域邻近的其他合作社，内部资金互助社或社员成立的担保小组等
信息对称强度	弱	较强	强
担保方式	资金	资金、存货及信誉	资金、存货及联合基金
信贷风险	低	低	较低
银行监督事项	质押物及合作社状况	除质押物、合作社状况外，也关注核心企业的生产经营状况	除质押物及合作社经营状况外，也关注其他合作社或社员的资产、规模情况
对质押物的要求	高，不仅要符合银行质押条件，而且要经过担保公司的筛选	较高，质押物要符合银行质押条件，同时供应链核心企业希望质押物与其所生产加工的产品存货关联	较低，质押物符合银行质押条件即可，其他合作社对质押物的要求较低，更多关注的是合作社间的关系
模式应用范围	财务、经营等因素良好的合作社	财务、经营等因素良好且置身供应链链条中的合作社	财务、经营等因素良好，且地缘优势较好、成立了资金互助社的合作社

以上三种质押融资模式各有优缺点。专业担保公司担保模式的优势在于担保主体熟知担保流程，能够采取有效措施，规避风险；不足之处在于不擅长物流运输仓储、质押物价值波动检测及质押方案优化，所以其希望有擅长物流运作及方案整合能力强的公司参与业务运作以弥补自

身不足。供应链核心企业担保模式的优势是担保主体规模大、实力强，在市场中有一定的影响力；但局限是缺乏对农民专业合作社在制度设计、发展前景及财务状况等方面上的渗透影响力，也对质押存货的快速销售、资金即时回笼缺乏高效影响力。所以在这种模式中，供应链核心企业期望政府能够参与进来给予帮扶。农民专业合作社联合担保模式的优点是，由于地缘因素，各合作社相互比较了解，信息障碍较少；不足是合作社本身的实力较弱，担保能力欠佳，若政府参与进来给予辅助将有助于运作效率的提高和业务的顺利开展。此外，三种模式的适用情形不同：专业担保模式适用于财务、经营等因素良好且担保公司认可的合作社；而供应链核心企业担保模式，除要求财务、经营等因素良好外，还需要合作社已置身于供应链链条中成为供应链的一员，且其发展好坏对供应链其他企业业绩产生影响；联合担保模式则适用于地缘因素较好且内部存在资金互助社的合作社。综上分析不难发现，上述三种模式皆有局限。为弥补上述模式的不足，我们提出了一种有政府和第四方物流参与的优化模式。

第四节 "政府扶持+第四方物流参与"的存货质押融资优化模式

优化模式是指在前文三种模式的基础上，考虑让政府和第四方物流企业[①]参与进来的一种模式，旨在协助以上模式的顺利运行，弥补以上模式的不足和缓解以上模式中担保主体的顾虑。

政府扶持和第四方物流参与的优化模式并不适用于所有类型的农民

---

① 第四方物流是一个供应链的集成商，帮助企业实现降低成本和有效整合资源，并且依靠优秀的第三方物流供应商、技术供应商、管理咨询以及其他增值服务商，为客户提供独特和广泛的供应链解决方案。

专业合作社，而侧重于受政府扶持的那部分合作社。这些合作社因自身信用等级较差、规模较小、制度不健全、财务状况不稳定、发展前景不明朗等因素，较难获得银行信贷，即使有其生产经营的存货作为质押，也难以取得银行信贷的有效支持。农民专业合作社自身的发展局限不仅是银行不愿信贷的缘由，也是参与担保的专业担保公司、供应链核心企业及其他合作社等担保主体所担心和顾虑之处。所以此时政府和第四方物流参与进来，给予相应扶持和方案优化指导，可有效缓解担保主体的忧虑，使得存货质押业务顺利开展，保障农民合作社持续发展。对于政府扶持的方式，具体而言可有以下三种：一是政府直接给予合作社部分补助，并为贷款余额部分给予担保，这可进一步降低银行信贷风险，银行会因政府的出面担保并有存货作为质押而愿意提供资金给合作社，助其发展；二是政府对质押融资贷款额的利息进行补助，合作社取得银行信贷后，贷款利息由政府承担，合作社仅分期或到期归还银行本金，这显著节约了其融资成本，无疑将有利于合作社的快速发展；三是政府可以在质押存货的销售或流转问题上扶持合作社，协助合作社进行产品的推销，如提供产品展销场地、辅助宣传推广等，让合作社的产品顺利销售，保证合作社能够尽快归还贷款。在优化模式中，第四方物流主要利用自己的资源整合能力，提供存货质押运作的优化方案和高水平的物流服务，进一步降低交易成本。

农民专业合作社经营的好坏直接影响到农民的收入，所以努力促进合作社和其他中间企业的健康发展符合"三农"政策，有利于农民增收、盘活农村经济和促进农村金融发展。故政府对合作社在融资上给以政策倾斜和帮扶与中央政策的要求和惠农文件精神吻合。优化模式既有存货质押及担保主体担保，又有政府扶持和第四方物流的业务指导，银行信贷风险因而得到有效控制，有利于农民专业合作社存货质押业务的有效开展。该模式运作流程如图 3.4 所示。

第三章 农民专业合作社存货质押融资运作模式 51

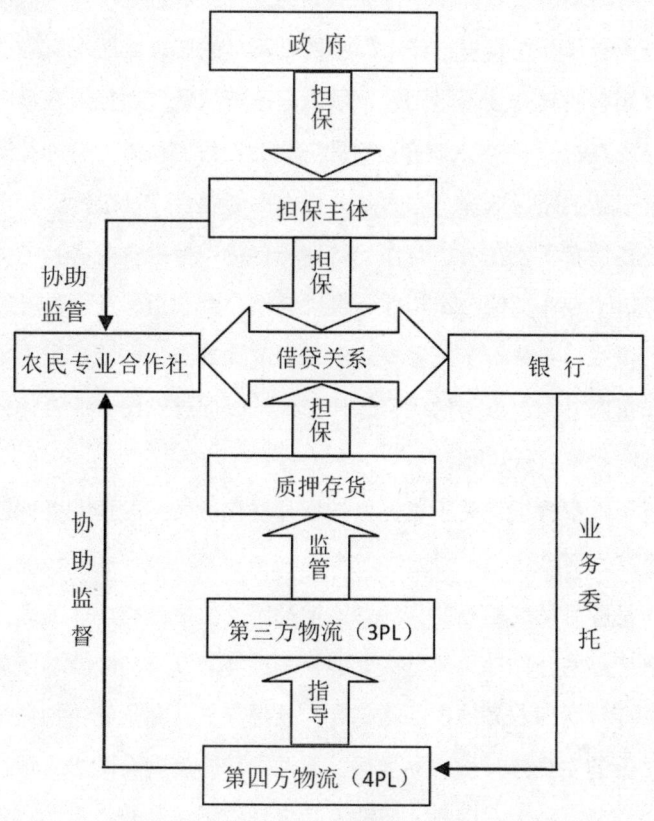

图 3.4 "政府 + 第四方物流参与"的优化模式

本章小结

  存货质押业务因其"一石多鸟"的功效在我国得到迅速发展，但实际运作中，银行对质押物的要求很严格，质押物质地稳定、价格波动幅度小、易储存、易变现等苛刻的条件限制了该业务功效的发挥。如何突破现有质押条件限制，使该业务惠及更多的中小企业及组织，是理论界和实业界共同关心的话题。农民专业合作社是同类农产品提供者、拥有者，是自愿联合、民主管理的互助性经济组织，是弱势群体为应对市场、降低交易成本而形成的，旨在增进社员收入。但现今农民专业合作社在发展过程中面临资金不足的瓶颈，而现有融资路径无法有效解决其资金不足问题，所以开创新的融资途径迫在眉睫。新兴的融资方式——存货质押融资业务，为缓解农民专业合作社融资问题提供了新的路径选择。本章从分析农民专业合作社进行存货质押融资的必要性着手，在考虑合作社特性和存货质押融资业务特征的基础上，提出了专业担保公司担保、供应链核心企业担保及合作社联合担保三种模式，并分析了三种模式的异同及优缺点，在此基础上提出有政府和第四方物流参与的优化运作模式，以促进农民专业合作社存货质押融资业务顺利开展。

基于本章分析，关于农民合作社开展存货质押融资业务问题，得到的启发如下：

一是应尽量成立开发与经营质地稳定、价格波动小、易储存及易监管的产品的合作社，或已成立的合作社努力开发与经营易于质押的产品。存货质押业务的担保物是合作社的存货，存货的特性关乎银行信贷资金的安全：存货容易变质、腐蚀，其价值就会减少，银行信贷金额违约风险增大；同时，质地不稳定且价格波动幅度大的存货也不易存储和监管，易变质的存货自然对仓储条件要求苛刻；价格波动大的存货需要更高频率的监测，这无疑增加了仓储费用和监管成本。

二是质地不稳、价格波动较大的存货（生鲜农产品、改良品等）更需要高级物流服务商的参与和政府的帮扶。质地不稳、价格波动大的存货开展存货质押融资业务，需要更优化的质押方案、更好的仓储条件和运输方式，这种高要求是从事简单传统仓储运输等基本物流服务的第三方物流很难达到的。所以，具有整合资源能力且能够提供优化方案的第四方物流的参与对该业务的顺利开展大有必要。第四方物流能够为这种存货质押、运输及仓储提供个性化的优质服务，最大限度地减少质押物的价值损耗，保障银行信贷的安全。同时，若要使得存货价值损耗最小，除了优质的物流服务及优化方案外，也需要及时销售生产经营的产品或质押物，以回笼资金、尽快还款、避免违约，亦或用其他存货或回笼的资金去置换等价值的质押物出库，以免影响生产销售或经营。对于这些业务的完成，尤其是产品或质押物销售的顺利开展，政府的帮扶可以起到非常好的作用。

三是银行给予合作社贷款价值比率（信贷额与质押物价值的比率）的高低取决于质押物特性和担保主体类型。银行为控制风险，不会足额放贷给合作社，通常会选择质押物价值的一个比率，如以质押物价值的 70% 作为信贷额。至于价值比率的高低，银行要评估质押物的状况：若质押物质地稳定、价格波动小、容易储存和监管、是市场畅销品，那么银行给予的贷款价值比率就会较高。此外，除了考察质押物特性外，银行也会评估担保主体的情况，若担保主体信用好、实力强、制度规范等，银行会选择较高的质押比率进行放贷。

第四章　基于层次分析法的农民专业合作社存货质押融资风险模糊综合评价

引　言

近年来，农民专业合作社因其特殊的功能及顺应时代的机缘得到了迅速发展。农民专业合作社对于克服农户分散经营的局限性，促进农业新技术的推广和农业规模经营，引导农户与市场有效对接，推动农业产业化发挥了重要作用，且已深入农业生产各个环节，对助推"三农"问题的顺利解决具有积极意义。然而农民专业合作社尚处于发展的初级阶段，面临许多不容忽视的困难和问题，其中，融资难正逐渐成为制约其发展的重要瓶颈。基于此，本书尝试开辟出合作社存货质押融资这条路径，通过该路径来缓解农民专业合作社融资困境和解决资金不足等关键问题。

尽管合作社开展存货质押融资业务对其破解融资困局具有重要的现实意义，但因参与业务主体的多元化、合作社自身特性及合作社所质押存货（多为农产品、改良品等）的特殊性，致使开展业务过程中的风险较多。此外，该业务对合作社而言是全新业务，缺乏成熟的理论作为指导，也没有丰富的实践经验供其参考，所以业务风险评价及控制的建立是该业务成功开展的关键。为保障该业务的顺利进行和健康发展，探讨合作社存货质押融资风险控制方法、构建风险防范指标体系等问题变得迫切且重要。因此，本书运用层次分析法并结合模糊综合评价法对某一给定合作社开展存货质押融资业务的风险进行评价，为银行等参与主体决定是否开展存货质押业务提供决策借鉴。

第一节　农民专业合作社开展存货质押融资业务的可行性

一、存货质押融资业务发展快速，实践经验日益成熟

近年来，存货质押融资业务实践得到快速发展。自1999年中储运拉开了存货质押融资的序幕以来，许多大型物流公司及银行开展了该业务。南储运已与多家银行合作开展仓单质押融资业务，至今年该业务融资额度达上百亿元。自开展该业务以来，中储运已与十几家银行合作，先后为上千家客户提供了质押融资服务，产品涉及黑色金属、建材、食品、家电、汽车、煤炭、化工等，累计质押货物价值数百亿元。除深圳发展银行外，中信银行、国家开发银行、建设银行及交通银行等金融机构也开展了存货质押业务。近年来，专家应用存货质押融资业务为长三角地区、珠三角地区及沿海地区的诸多中小企业成功解决了资金链紧张问题，使上百家企业重新运转，上万余就业岗位得以保全。在开展存货质押融资业务过程中，质押模式已由当初的静态质押（单一仓单质押、多仓单质押）发展到动态质押（循环质押），监管方式也由单一的监管方式（异地监管）发展到多种监管方式（异地监管、就地监管、现场监管、视频监管等），风险控制方法也由单一的经验判断发展为科学决策等。总之，存货质押融资业务不论在运作模式上，抑或在风险控制方法上，都为农产品质押融资业务的开展提供了实践参考和经验借鉴。

二、存货质押融资理论体系逐渐完善

存货质押因其一石多鸟的功效，自其诞生之日起，就受到了理论界的广泛关注，许多学者从不同侧面对存货质押融资相关问题展开了研究。从运作模式、案例介绍到国内外经验比较，从激励契约设计、平仓线控制、贷款价值比率确定到资金约束下的库存管理，从单一企业的库存管理到基于供应链背景下的库存决策等，现有研究已从理论层面对存货质押问题进行了系统研究，理论体系日渐完善，无论在操作方式、运作路径，抑或在风险控制、库存管理等方面都为合作社开展存货质押融资业务提供了理论指导与决策借鉴。

三、农民专业合作社存货数量多且产权属性明确

合作社外部融资难的一个重要原因在于可用于抵押的固定资产少。很多合作社规模小，缺乏足够的固定资产，甚至靠租用仓房设备经营运作；加之社员的个人房屋、土地及其他固定资产在入社时不愿带入合作社，所以合作社在贷款时缺乏金融机构看重的抵押物，致使贷款难。但另一方面，合作社时常拥有为数不少的存货，这些存货因为生产经营的生产周期、流程等原因会被暂时闲置，挤占不少的资金，使得资金原本就不宽裕的合作社更加困难。所以盘活这些存货，使"死"的资产变成"活"的资金意义重大。合作社拥有产权明确的存货，使得开展存货质押融资业务变得可行。

四、物流业务快速发展

农民专业合作社的存货主要类型为农产品，而农产品质押融资有别于其他存货，它具有难运输、难储存、慢速变质及价值变化快等特

征,这些特性使得其业务开展更加依赖物流企业,且对物流企业的服务能力、服务水平要求更高:物流企业不仅仅需要能够提供简单仓储、运输、配送,更需要能够提供方案优化、路径优化、运输优化等更高水平的服务。随着我国经济几十年的快速发展,物流行业逐渐壮大,很多物流企业不再仅仅从事单一的物流作业,不再只是简单地进行运输、仓储等基础作业,他们开始演化为能够提供优化服务、订单设计、融资服务的综合性物流企业;加之国外大公司的纷纷落户,逐渐形成外国公司(DHL、FedEx、Shenkers、Eagle、Bax、Nippon等)、国有企业(中铁、中邮、中远等)及民营企业(天地华宇、佳吉快运、佳宇物流、宅急送、德邦物流等)三足鼎立的局面。此外,很多物流企业的服务领域和网络已逐渐渗透到边远乡村,而农民专业合作社的主要活动区域集中在乡村,这为农产品质押融资提供了现实基础,解决了存货质押业务开展所面临的瓶颈问题。

第二节 农民专业合作社存货质押融资风险因素分析

尽管合作社存货质押融资业务对缓解其融资困境具有重要的现实意义,但开展业务过程中的风险不可回避,所以探讨合作社存货质押融资风险指标体系构建及防范问题变得重要。经过对合作社自身特性、存货特征及存货质押融资业务的运作流程分析,提炼出的主要风险有:环境风险、操作风险、质押物风险、信用风险、法律风险。

一、环境风险

环境风险主要包括自然环境、市场环境、经济环境、政治环境、法律环境、行业环境、区域环境等。自然环境如天气、气候、自然灾害对存货质押业务影响较大，因为合作社的存货类型主要为农产品及改良品（随着时间流逝存货在数量或质量上发生改变），这种类型的存货自然对天气、气候等自然环境的依赖较大。好的自然环境导致产量增加，市场供给增加，进而影响存货的变现等后续问题。市场环境描述的是就该类存货在市场上的供需、竞争情况所带来的不确定问题。而政治、法律、行业环境是一个国家或区域的宏观环境所带来的不确定性影响。区域环境主要是指不同区域在市场开发程度、技术水平、经济发展状况上的不同而造成的不确定问题。

二、信用风险

信用风险是指业务中参与多方因信用缺失而产生的损失。在合作社存货质押融资业务中，参与主体主要包括银行、合作社及物流企业。合作社因其治理机制、分配机制、财务制度不完善，而易引致道德风险、逆向选择等问题；物流企业因其规模较小、发展前景较差、财务制度不健全，易引致合谋骗贷等风险问题。

三、操作风险

合作社存货质押融资业务涉及多个环节，在后续处理过程中，任何一个环节出现问题都会给业务带来风险问题。操作风险主要包括模式风险、程序风险、银行操作风险、物流企业操作风险。开展合作社存货质押融资业务的模式不止一种，选择不同的运作模式所蕴含的风险不同，根据合作社特征、存货特性、区域特点等因素选择合适的运作模式将有效降低或抵御风险的发生。

程序风险是指实际操作与标准要求、信息化水平的差异而造成的损失。如果业务操作缺乏标准，如仓单设置不规范、质押物出入库不科学、存放不合理、监管不到位等，都可能致使损失发生。此外，信息化程度对业务带来的影响不容忽视，信息传递不畅、不及时等都可能致使未能有效识别风险，无法及时做出恰当的应对策略，进而招致风险的发生。

银行和物流企业操作风险主要是指具体操作人员职业素质、操作技能等的不足所导致的风险。在业务开展过程中，银行和物流企业选择什么样的员工负责或参与，直接影响业务的不确定性大小：业务熟练、责任心强的员工会促进业务有序进行，有效减弱不确定性事项发生的概率和数量。

四、存货风险

存货风险是指因质押物价格降低、变现困难、选择不当等原因产生的损失。银行愿意开展该业务的关键是有存货作为担保，借款方把存货的相关权利质押给银行，在出现违约情况时，银行有权处置质押存货以获得优先受偿，保证贷款资金安全。存货风险主要包括质物选择风险、价格波动风险、变现风险及存储风险。

并非所有的存货类型都可以作为质押物进行担保质押，尤其是合作社所拥有的多为农产品及改良品，价值存在易损耗、易变化等风险，所以在选择存货类型时需要综合考虑其质地、市场价格、损耗情况、市场需求情况、季节性及周期性等因素，尽量选择质地稳定、价格波动小、需求旺盛、易储存等的存货作为质押物，这对有效降低风险大有裨益。但价格波动和变现风险是质押存货不可回避的重要问题，质押物价格波动太大，特别是下降幅度过大，会造成价值不稳定，进而带来潜在损失，而变现困难会使银行在合作社违约时无法及时得到补偿，这也会影响到信贷资金安全。

五、技术风险

技术风险是融资服务提供商在合作社开展存货质押融资业务过程中因缺乏足够的技术支撑而引起的风险。在业务开展过程中，质押物价值评估机制设计不完善或者技术水平较低，合作社与物流服务提供商串通提供虚假仓单凭证合谋骗贷，物流企业运输路线不合理，仓储条件差，违约后对质押物的处置技术不高，监管技术差造成价格波动没及时发现，质押存货反复质押或所有权存在争议等因技术缺失而产生的问题，都会带来风险。

六、法律风险

法律风险是由于交易合同得不到法律保护而形成的损失，主要包括合规性风险和质押存货所有权所造成的风险。在业务开展过程中，合同范式、仓单设计、法规政策、运作机制设计及执行的合规性无疑会影响业务风险的大小。此外，质押存货的权属及流动性问题，也可能产生法律问题。而现有的《中华人民共和国合同法》（以下简称《合同法》）及《中华人民共和国担保法》（以下简称《担保法》）对合作社存货质押融资法律问题的规定不甚完善，且缺乏其他指导性文件，因此可能会带来法律纠纷风险。

结合前文分析，得出合作社存货质押融资业务风险评价指标体系，如表4.1所示。从表中易知，一级指标6个，二级指标24个；用字母R代表目标层，用字母A代表准则层，字母B代表子准则层。表4.1比较全面地凸显了农民专业合作社开展存货质押融资业务的主要风险类型。

表 4.1 农民专业合作社存货质押融资风险评价指标体系

目标层	一级层指标	二级层指标
农民专业合作社存货质押融资综合风险 R	环境风险 A1	自然环境 B11
		经济环境 B12
		政治环境 B13
		法律环境 B14
		行业环境 B15
		区域环境 B16
	信用风险 A2	合作社治理机制 B21
		合作社分配机制 B22
		合作社财务制度 B23
		物流企业规模 B24
	操作风险 A3	模式风险 B31
		程序风险 B32
		银行操作风险 B33
		物流企业操作风险 B34
	存货风险 A4	选择风险 B41
		价格波动风险 B42
		变现风险 B43
		存储风险 B44
	技术风险 A5	价值评估 B51
		信息处理 B52
		价格波动监测 B53
		违约处理 B54
	法律风险 A6	权属风险 B61
		合规风险 B62

第三节　农民专业合作社存货质押融资风险模糊综合评价

一、层次分析法及模糊综合评价法概要

层次分析法（Analytic Hierarchy Process，简称 AHP）是将与决策总是有关的元素分解成目标、准则、方案等层次，在此基础之上进行定性和定量分析的决策方法。其特点是在对复杂的决策问题的本质、影响因素及其内在关系等进行深入分析的基础上，利用较少的定量信息使决策的思维过程数学化，从而为多目标、多准则或无结构特性的复杂决策问题提供简便的决策方法。这一方法尤其适合于对决策结果难于直接准确计量的场合。其基本思路是将所要分析的问题层次化，根据问题的性质和所要达成的总目标，将问题分解为不同的组成因素，并按照这些因素间的关联影响及其隶属关系，将各组成因素按不同层次凝聚组合，形成一个多层次分析结构模型，最后对问题进行优劣比较并排列。

模糊综合评价法是一种基于模糊数学的综合评价方法。该综合评价法根据模糊数学的隶属度理论把定性评价转化为定量评价，即用模糊数学对受到多种因素制约的事物或对象做出一个总体的评价。它具有结果清晰、系统性强的特点，能较好地解决模糊的、难以量化的问题，适合各种非确定性问题的解决。

层次分析法与模糊综合评价法相结合，可以互相补充，发挥各自的优势。其基本方法是：首先建立评价指标的递阶层次结构模型，然后应用层次分析法确定各指标的权重，接着应用模糊综合评价法进行综合评价得到评价矩阵，最后根据权重向量和评价矩阵计算得出评价结果。本章运用层次分析法与模糊综合评价法的综合应用方法，评估合作社开展存货质押融资的风险。

二、构建风险指标结构模型

通过对农民专业合作社风险分析，已得出指标体系（参见表4.1）。指标体系分为三个层级，目标层、一级层（准则层）和二级层（子准则层）。目标层是我们最终需要达到的结果，为达到这一预期目标和结果，将其具体化为一级层（准则层）和二级层（子准则层）；一级层和二级层为实现目标所涉及的中间环节，通过对一级层和二级层的技术处理可实现预期目标，即得出农民专业合作社存货质押融资的综合风险大小。

三、构建判断矩阵

根据前文分析得出的合作社存货质押融资业务风险指标体系，处理规则如下：对同一层级上的指标，以上一级指标为准则，两两比较得出相对重要程度，进而构造两两判断矩阵，再根据得出的权重计算得出该目标层对上一级因素的权重。一级层指标对目标层指标的影响权重采用Satty的1—9标度法赋值（Satty，1980），表4.2列示了1—9标度的相应值。

表 4.2 Satty 的 1—9 标度赋值方法

标度	含义
1	两个指标相比，前者比后者同样重要
3	两个指标相比，前者比后者稍微重要
5	两个指标相比，前者比后者重要
7	两个指标相比，前者比后者很重要
9	两个指标相比，前者比后者极其重要
2，4，6，8	介于上述两个相邻等级之间
标度的倒数	若指标 i 与 j 的重要性之比为 a_{ij}，则指标 j 与 i 的重要性之比为 $1/a_{ij}$

四、确定权重并进行一致性检验

（一）一级层指标权重的确定

以目标层指标为准则，计算一级层指标对目标层重要性的两两比较，确定彼此间的相对重要程度，进而得到两两比较矩阵，即以"农民专业合作社存货质押融资综合风险"为准则，两两比较环境风险、信用风险、操作风险、存货风险、技术风险及法律风险六个指标对目标指标的相对重要程度，得出比较矩阵 R—A。然后根据判断矩阵 R—A，采用算术平均法，计算各指标的权重，结果见表 4.3。

表 4.3　判断矩阵 R—A 及其权重

R	A1	A2	A3	A4	A5	A6	W
A 1	1	1/6	1/3	1/5	1/2	4	0.068
A 2	6	1	3	2	4	9	0.388
A 3	3	1/3	1	1/3	2	5	0.147
A 4	5	1/2	3	1	3	7	0.275
A 5	2	1/4	1/2	1/3	1	2	0.088
A 6	1/4	1/9	1/5	1/7	1/2	1	0.034

为验证表 4.1 中判断矩阵和权重的合理性，需要进行一致性检验。一致性检验过程如下：把判断矩阵和权重系数矩阵相乘得到 BW；然后利用下面公式求 $\lambda_{\max}$ 的值。

$$\lambda_{\max} = \sum_{i=1}^{n} \frac{(BW)_i}{n\omega_i} = \frac{1}{n}\sum_{i=1}^{n} \frac{\sum_{j=1}^{n} a_{ij}\omega_j}{\omega_i}$$

求出 $\lambda_{\max}$ 值后，将其带入公式 $C.I. = \frac{\lambda_{\max} - n}{n-1}$ 中得出一致性检验指标 $C.I.$；根据表 4.4 随机性一致性检验指标 $R.I.$，利用公式 $C.R. = \frac{C.I.}{R.I.}$ 求得一

致性比例 C.R.的值。若 C.R.≤0.1，说明判断矩阵的一致性可以接受，否则需要对判断矩阵进行调整，重新确定权重矩阵，直至满足上述条件为止。

表 4.4　指标因素为 1—9 时 R.I. 相应值

指标	1	2	3	4	5	6	7	8	9
R.I.	0	0	0.58	0.9	1.12	1.24	1.32	1.41	1.45

结合上述一致性检验流程，易求得 λ_{max}=6.153，C.I.=0.031，查表 4.4 可得 R.I.=1.24，所以有 $C.R.=\frac{C.I.}{R.I.}=0.025≤0.1$，说明判断矩阵一致性满足要求，可以接受。

由此可知，一级层权重向量 W=（0.068，0.388，0.147，0.257，0.088，0.034）。

（二）二级层指标权重的确定

以各一级层指标为准则，两两比较所含二级层指标对一级层指标的相对重要程度，得出两两比较判断矩阵。如以环境指标为例，此时，环境指标为一级层指标，以该指标为准则，两两比较其下一级指标，如自然环境、经济环境、政治环境、法律环境、行业环境、区域环境对其影响程度大小，构建判断矩阵，确定权重并进行一致性检验。同理，可以确定其他二级指标的权重，因篇幅限制，不逐一列举，本章直接给出各二级指标的权重结果，各二级指标对一级指标的权重如下：

W_{A1}=（0.351，0.153，0.046，0.037，0.238，0.175）

W_{A2}=（0.139，0.216，0.561，0.084）

W_{A3}=（0.091，0.096，0.309，0.504）

W_{A4}=（0.134，0.418，0.316，0.132）

W_{A5}=（0.189，0.245，0.419，0.147）

W_{A6}=（0.821，0.179）

五、农民专业合作社存货质押融资模糊综合评价分析

模糊综合评价法是一种基于模糊数学的综合评价方法,它根据隶属度理论把定性评价问题转化为定量评价问题。它的基本思想是:在确定了评价指标及其权重的基础上,以隶属度来表示各指标的模糊界限,构造模糊评价矩阵,然后通过综合运算,根据最大隶属度原则,确定评价对象所属的等级。

(一)确定评价等级

在给定评价指标和确定指标权重的情况下,为对风险进行评价,需要知道评价等级和评价标准,为方便评价,将评价等级分为很高、较高、一般、较低、很低五个等级,由此,可知评价等级集为 $Z=(e_1, e_2, e_3, e_4, e_5)=$(很低,较低,一般,较高,很高)。至于针对不同评价等级所涉及的标准,因篇幅限制,在此不予陈述,因为本章主要意图是通过层次分析法和模糊综合评价法评价合作社开展存货质押融资的风险程度,标准阐述与否不影响风险评价结果。

(二)构造模糊评价矩阵

以重庆市涪陵区文观大米专业合作社为例,该合作社于2006年6月成立,截止到2013年2月底,合作社成员数量为1123户,其中农户成员1119户。规模的不断扩大,使其对发展资金的需求愈发强烈。2015年5月,合作社因需采购农户稻米而出现50万元的资金缺口,其他的融资途径已失效,所以合作社尝试用其拥有的暂时闲置未出售的一批大米作为质押物,向银行申请贷款,开展存货质押融资业务。在开展前,银行对该合作社开展该项业务的风险进行评价,银行

邀请了15名对该领域较为熟悉的相关人士，包括物流企业负责人、金融机构主管、学者及其他专业人士。15名专家结合合作社自身运作情况、存货（大米）特征、所处行业等因素，以开展存货质押融资业务的相关信息、评价标准对24项二级指标分别打分，然后对各指标评分进行整理和归一化处理，整理结果见表4.5。

表4.5 文观大米专业合作社存货质押融资风险评价表

目标层	一级层		二级层		评价等级				
	指标	权重	指标	权重	很低	较低	一般	较高	很高
农民专业合作社存货质押融资综合风险评价R	环境风险A1	0.068	B11	0.351	0.6	0.25	0.1	0.05	0
			B12	0.153	0.05	0.2	0.35	0.25	0.15
			B13	0.046	0.2	0.25	0.4	0.1	0.05
			B14	0.037	0.3	0.35	0.25	0.1	0
			B15	0.238	0.05	0.05	0.35	0.3	0.25
			B16	0.175	0.45	0.3	0.2	0.05	0
	信用风险A2	0.388	B21	0.139	0.2	0.25	0.3	0.15	0.1
			B22	0.216	0.2	0.3	0.25	0.2	0.05
			B23	0.561	0.3	0.25	0.2	0.25	0
			B24	0.084	0.05	0.15	0.3	0.4	0.1
	操作风险A3	0.147	B31	0.091	0.45	0.15	0.25	0.15	0
			B32	0.096	0.15	0.25	0.35	0.2	0.05
			B33	0.309	0.2	0.3	0.15	0.25	0.1
			B34	0.504	0.2	0.3	0.35	0.1	0.05
	存货风险A4	0.257	B41	0.134	0.1	0.25	0.1	0.35	0.2
			B42	0.418	0.1	0.15	0.15	0.35	0.25
			B43	0.316	0.05	0.2	0.3	0.4	0.05
			B44	0.132	0.35	0.45	0.15	0.05	0.00
	技术风险A5	0.088	B51	0.189	0.3	0.25	0.35	0.1	0.05
			B52	0.245	0.25	0.35	0.2	0.15	0.05
			B53	0.419	0.05	0.15	0.35	0.3	0.15
			B54	0.147	0.2	0.25	0.3	0.2	0.05
	法律风险A6	0.034	B61	0.821	0.05	0.2	0.25	0.35	0.15
			B62	0.179	0.3	0.25	0.35	0.05	0.05

根据专家评分和归一化处理后，可得模糊矩阵如下：

$$R_{A1}=\begin{bmatrix} 0.60 & 0.25 & 0.10 & 0.05 & 0.00 \\ 0.05 & 0.20 & 0.35 & 0.25 & 0.15 \\ 0.20 & 0.25 & 0.40 & 0.10 & 0.05 \\ 0.30 & 0.35 & 0.25 & 0.10 & 0.00 \\ 0.05 & 0.05 & 0.35 & 0.30 & 0.25 \\ 0.45 & 0.30 & 0.20 & 0.05 & 0.00 \end{bmatrix}, R_{A2}=\begin{bmatrix} 0.20 & 0.30 & 0.25 & 0.05 & 0.10 \\ 0.20 & 0.30 & 0.25 & 0.20 & 0.05 \\ 0.30 & 0.25 & 0.20 & 0.25 & 0.00 \\ 0.05 & 0.15 & 0.30 & 0.40 & 0.10 \end{bmatrix}$$

$$R_{A3}=\begin{bmatrix} 0.45 & 0.15 & 0.25 & 0.15 & 0.00 \\ 0.15 & 0.25 & 0.35 & 0.20 & 0.05 \\ 0.20 & 0.30 & 0.15 & 0.25 & 0.10 \\ 0.20 & 0.30 & 0.35 & 0.10 & 0.05 \end{bmatrix}, R_{A4}=\begin{bmatrix} 0.10 & 0.25 & 0.10 & 0.35 & 0.20 \\ 0.10 & 0.15 & 0.15 & 0.35 & 0.20 \\ 0.05 & 0.20 & 0.30 & 0.40 & 0.05 \\ 0.35 & 0.45 & 0.15 & 0.05 & 0.00 \end{bmatrix}$$

$$R_{A5}=\begin{bmatrix} 0.30 & 0.25 & 0.35 & 0.10 & 0.05 \\ 0.25 & 0.35 & 0.20 & 0.15 & 0.05 \\ 0.05 & 0.15 & 0.35 & 0.30 & 0.15 \\ 0.30 & 0.25 & 0.30 & 0.10 & 0.05 \end{bmatrix}, R_{A6}=\begin{bmatrix} 0.05 & 0.20 & 0.25 & 0.35 & 0.15 \\ 0.30 & 0.25 & 0.35 & 0.05 & 0.05 \end{bmatrix}$$

(三)单项风险评价

针对一级指标环境风险、信用风险、操作风险、存货风险、技术风险及法律风险，本章结合其权重和模糊评价矩阵分别予以评价。

环境风险 $\Phi_{A1}=W_{A1}R_{A1}=(0.330, 0.209, 0.234, 0.145, 0.082)$

由计算结果可知，环境风险的最大隶属度为0.33，对应于"较低"等级，根据最大隶属度原则，该农民专业合作社存货质押融资环境风险程度为较低。

信用风险 $\Phi_{A2}=W_{A2}R_{A2}=(0.230, 0.232, 0.224, 0.227, 0.087)$

由计算结果可知，信用风险的最大隶属度为0.232，对应于"很低"等级，根据最大隶属度原则，该农民专业合作社存货质押融资信用风险程度为较低。

操作风险 $\Phi_{A3}=W_{A3}R_{A3}=(0.218, 0.182, 0.289, 0.160, 0.151)$

由计算结果可知,信用风险的最大隶属度为 0.289,对应于"较低"等级,根据最大隶属度原则,该农民专业合作社存货质押融资操作风险程度为较低。

存货风险$\Phi_{A4} = W_{A4} R_{A4} = (0.117, 0.219, 0.191, 0.326, 0.147)$

由计算结果可知,信用风险的最大隶属度为 0.326,对应于"较低"等级,根据最大隶属度原则,该农民专业合作社存货质押融资存货风险程度为较低。

技术风险$\Phi_{A5} = W_{A5} R_{A5} = (0.183, 0.233, 0.306, 0.197, 0.081)$

由计算结果可知,信用风险的最大隶属度为 0.306,对应于"较低"等级,根据最大隶属度原则,该农民专业合作社存货质押融资技术风险程度为较低。

法律风险$\Phi_{A6} = W_{A6} R_{A6} = (0.095, 0.209, 0.268, 0.296, 0.132)$

由计算结果可知,信用风险的最大隶属度为 0.296,对应于"较低"等级,根据最大隶属度原则,该农民专业合作社存货质押融资法律风险程度为较低。

(四)综合风险评价

由上文分析可知,农民专业合作社存货质押融资各单项风险评价结果为:

$$\Phi = (\Phi_{A1}, \Phi_{A2}, \Phi_{A3}, \Phi_{A4}, \Phi_{A5}, \Phi_{A6})$$

$$= \begin{bmatrix} 0.330 & 0.209 & 0.234 & 0.145 & 0.082 \\ 0.230 & 0.232 & 0.224 & 0.227 & 0.087 \\ 0.218 & 0.182 & 0.289 & 0.160 & 0.151 \\ 0.117 & 0.219 & 0.191 & 0.326 & 0.147 \\ 0.183 & 0.233 & 0.306 & 0.197 & 0.081 \\ 0.095 & 0.209 & 0.268 & 0.296 & 0.132 \end{bmatrix}^T$$

根据单项风险矩阵，结合一级层指标权重，易得农民专业合作社存货质押融资综合风险向量为：

$$R = W \Phi$$

$$= (0.068, 0.388, 0.147, 0.257, 0.088, 0.034) \begin{bmatrix} 0.330 & 0.209 & 0.234 & 0.145 & 0.082 \\ 0.230 & 0.232 & 0.224 & 0.227 & 0.087 \\ 0.218 & 0.182 & 0.289 & 0.160 & 0.151 \\ 0.117 & 0.219 & 0.191 & 0.326 & 0.147 \\ 0.183 & 0.233 & 0.306 & 0.197 & 0.081 \\ 0.095 & 0.209 & 0.268 & 0.296 & 0.132 \end{bmatrix}^T$$

$$= (0.192, 0.214, 0.230, 0.233, 0.131)$$

由计算结果可知，综合风险的最大隶属度为 0.233，对应于"很低"等级，根据最大隶属度原则，重庆市涪陵区文观大米专业合作社开展存货质押融资综合风险程度为"很低"。

本章小结

近年来，随着《农民专业合作社法》的颁布和政府投入力度不断加大，农民专业合作社在数量上和规模上都得到了快速发展。但在合作社高速发展的过程中也遇到了诸多问题，其中融资难问题已成为其健康发展的瓶颈之一。如何克服这一问题，诸多学者从不同角度和方面进行了研究和探讨，提出了许多操作模式，这些建议和方法在一定程度上缓解了合作社的融资难问题，但未从根本上克服。近年来兴起的存货质押融资业务为合作社破解融资困难提供了一条有效途径。由于合作社自身特性及所拥有存货的特征，决定了对其业务风险的规避这一问题极其重要。本章在系统梳理合作社存货质押融资风险类型的基础上，构建了风险评估指标体系，并运用层次分析和模糊综合评价方法，评估了给定合作社开展该业务的风险程度。

第五章　因子分析视角下的农民专业合作社存货质押融资风险防范

引　言

"三农"(农业、农村、农民)问题已成为当下党和政府日常工作的重中之重。而"三农"问题的顺利解决需要匹配符合时代特征的农村组织作为载体,在此背景下农民专业合作社诞生,农民专业合作社对实现农业产业化、活跃农村经济及增加农民收入具有重要作用。因而促进农民专业合作社健康快速发展变得势在必行。然而由于农民专业合作社的组织特性,其规模小、发展前景模糊、组织结构不完善等客观现实,加之经营产品多为具有弱质特征的农产品,使得其利用传统的融资模式很难获得所需资金。资金短缺是目前合作社发展过程中面临的重要瓶颈,因此,开创新的融资路径,缓解其资金不足的困境,变得迫切且有意义。存货质押融资为其提供了一条新的融资路径,不过农民专业合作社开展存货质押业务缺乏成熟的理论指导,也无丰富的实践经验,加之合作社组织边界的模糊性及存货质押业务的复杂性,致使业务开展过程中面临的风险问题不容忽视。基于此,上文运用层次分析法和模糊综合评价方法对业务风险进行评价。不过,该方法存在较强的主观性,并且构建的风险因素指标体系中的因素之间存在严重的相关性,这种情形的存在会影响评价结果的准确性、完整性和全面性。基于此，本章运用另外一种评价方法——因子分析统计方法，从另一视角来探讨合作社开展存货质押融资的风险评价问题：首先，提炼出公共因子与具体风险要素之间的互动关系及支配程度；然后，根据分析结果，构建风险管理模型；最后，由模型给出的评价结果，提出针对性的风险防范建议。

第一节 农民专业合作社存货质押风险管理及风险因素分析

一、农民专业合作社存货质押融资风险管理

农民专业合作社存货质押业务是一种物流与金融业务的创新，具有重要的经济价值、社会价值及生态价值，具有"一石多鸟"的功效。不过在给银行、农民合作社、物流企业等带来共赢绩效的同时，农民专业合作社存货质押业务中的不确定因素使其存在较大的风险，会对银行的资金、物流企业的盈利、合作社竞争能力的提升等产生较大影响。因此，参与主体，尤其是银行和物流企业，应做好风险防范和规避措施。而从目前合作社存货质押的实践运作来看，参与各方还缺乏有效的风险防范体系，对于隐藏的风险因素未能有效识别，对风险的评估缺乏有效的手段和工具，无法进行有效的预警和防范。因此，对合作社存货质押融资业务进行风险识别并构建风险防范体系变得十分重要。

二、农民专业合作社存货质押融资风险因素分析

笔者在参阅大量相关文献及资料的基础上，结合实际调查、调研、参观等直观分析，并咨询该领域相关专家意见，对重庆市东北区域内

合作社开展存货业务的企业进行实地调研。重庆市东北区域包括11个区县，是重庆生态涵养区。该区域地势条件优越，气候适宜，人口较多，这使得该区域农业较为发达、农业型合作社较为丰富、实践案例较多，为本章样本选择提供了便利；该区域合作社类型较全面，分布较集中，具有一定的代表性。根据调研结果，在反复推敲讨论的基础上，笔者提炼出10个影响农民专业合作社存货质押业务的风险因素，它们是：市场供需变动风险、合作社资信风险、合作社管理水平、合作社经营状况、质押物价格风险、技术风险、法律法规政策风险、业务监管风险、质押物形态风险及质押物销售风险。

市场供需变动风险是指质押存货由于自然环境、季节属性、市场竞争、产业政策等因素引致的供给与需求变更导致的不确定问题。

合作社资信风险是指合作社因信用缺失而产生的损失。众所周知，合作社成员多为一些资源操纵禀赋较差的农户按照自愿原则构成，合作社组织结构松散，合作社成员集体意识淡薄、文化素质不高等特点致使合作社在组织形象、财务制度、组织素质等方面存在的不确定性较多，信用缺失较易发生。

合作社管理风险是指合作社因领导素质低、制度不健全、组织结构不科学等因素造成的管理水平低下进而产生的不确定性。合作社管理水平会影响到合作社的经营状况和发展前景，进而影响其还款能力。

合作社经营风险是指因决策制定不科学、财务状况不佳、盈利能力差等因素引致的不确定性。合作社经营状况直接对其还款能力产生重大影响，若经营不好，财务陷入困境，甚至将资不抵债，面临解散，这时的合作社缺乏还款能力，违约风险大。

技术风险是指在开展业务过程中因缺乏足够的技术支撑而引起的风险。在业务开展过程中，质押物价值评估机制设计不完善或者技术水平较低，借款企业与物流服务提供商串通提供虚假仓单凭证合谋骗贷，物流企业运输路线不合理、仓储条件差、违约后对质押物的处置技术不高，监管技术水平弱造成价格波动没及时发现，质押物重复质押或所有权存在争议等，这些因技术缺失而产生的问题，都会带来风险。

法律法规政策风险是由于交易合同得不到法律法规等的保护而造成损失的风险，主要包括合规性风险和质押物所有权所造成的风险。在业务开展过程中，合同范式、仓单设计、法规政策、运作机制设计及执行的合规性无疑会影响业务风险的大小。此外，质押物的权属及流动性方面，也可能产生法律问题。

质押物价格风险是指因价格变动造成损失的风险，价格风险是存货变现风险中最重要的一类风险。存货的市场价格在贷款期间内并不是稳定不变的，而是具有一定的波动性，尤其是农民合作社所经营的产品，他们的产品多为农产品，波动较大。

业务监管风险是指负债业务监管的相关主体因对质押物价格波动、市场环境变化、合作社经营状况变化、质押物存放、处置等处理不当导致损失的风险。

质押物形态风险是指因质押物流动性、标准化、变现能力、易损程度、及配套的保管条件而产生的不确定性风险。

质押物销售风险是指因销售渠道的稳定性、销售客户的稳定性、销售范围的大小、市场容量的大小、销售账期的合理性等因素引致的不确定性风险。

风险因素汇集见表 5.1。

表 5.1　农民专业合作社存货质押融资主要风险因素

X_1 市场供需变动风险	X_6 法律法规政策风险
X_2 合作社资信风险	X_7 质押物价格风险
X_3 合作社管理风险	X_8 业务监管风险
X_4 合作社经营风险	X_9 质押物形态风险
X_5 技术风险	X_{10} 质押物销售风险

第二节　因子分析视角下的农民专业合作社存货质押融资风险分析

一、因子分析

因子分析法（Factor Analysis）是指从探讨变量内部相互关系出发，把若干存在复杂关系的变量整理成少数公因子的一种统计分析方法。它的理念是把可以观测的变量按照某个依据归类，把高度相关的变量归在相同类别内，而不同类别变量间的关联度则较弱。这就不难理解，每类变量事实上就代表了一种类型，即公共因子。具体而言，就是努力使用最少数量的所谓公共因子的线性函数与特殊因子之和来表达原观测变量的信息。这种分析法的优势体现在，确立的权重是依据数据分析获得的，比较客观，避免了主观因素的影响，且所得因子间的相关性弱，交叉信息较少，并且无需对原变量信息进行筛选，而是对原变量的信息进行归类组合，使得以此方式取得的因子变量更有说服力，评价结果更具可靠性和准确性。因子分析的主要过程如下：

假设某事物的影响变量有 n 个，设为 $x_1, x_2, \cdots, x_n$。每个变量含有 m 个影响因子，设为 $F_1, F_2, F_3, \cdots, F_m$，其中 m < n。这些影响因子为公因子，且变量与因子之间的关系如下式所示：

$$x_1 = \lambda_{11}F_1 + \lambda_{12}F_2 + \cdots + \lambda_{1m}F_m + \varepsilon_1$$
$$x_2 = \lambda_{21}F_1 + \lambda_{22}F_2 + \cdots + \lambda_{2m}F_m + \varepsilon_2$$
$$\cdots$$
$$x_n = \lambda_{n1}F_1 + \lambda_{n2}F_2 + \cdots + \lambda_{nm}F_m + \varepsilon_n$$

其中，$\varepsilon_1, \varepsilon_2, \varepsilon_3, \cdots, \varepsilon_n$ 为特殊因子，仅对其所属变量产生影响，且与共性因子相互独立。

二、因子分析视角下的农民专业合作社存货质押融资风险分析

由于上述合作社存货质押业务风险因素在实际中不易量化,所以采用 Satty 的 1—9 标度法赋值(Satty,1980)进行衡量,表 5.2 列示了 1—9 标度的相应值。9 表示风险程度最高,1 表示最低。采用德尔菲法,让 38 名熟悉该领域的相关人士,包括物流企业负责人(7 人)、金融机构主管(9 人)、合作社理事(8 人)、学者(11 人)及其他专家(3 人),结合借款企业运作情况及所在供应链环境、质押农产品特征、所处行业情况等因素,及开展该业务的相关信息、评价标准,对上述农民专业合作社存货质押融资风险因素分别打分,并反复咨询,最后共收到有效样本数据 35 份。

表 5.2 Satty 的 1—9 标度赋值方法

标度	含义
1	两个指标相比,前后者同样重要
3	两个指标相比,前者比后者稍微重要
5	两个指标相比,前者比后者较强重要
7	两个指标相比,前者比后者强烈重要
9	两个指标相比,前者比后者极其重要
2,4,6,8	两相邻判断的中间值
标度倒数	若 i 与 j 两个指标的重要性比为 a_{ij},则 j 与 i 的重要性比为 $1/a_{ij}$

为对取得的 35 份合作社存货质押业务的风险因素样本数据进行处理,本章选择 spss 软件进行巴特利特球型检验和 KMO 检验。经过分析计算,求得样本数据的适度值是 0.815,符合因子分析的基本要求。基于特征根原则选择了 F_1、F_2 和 F_3 三个公因子,其累计方差率达到了 88.538%。表 5.3 给出了三个公因子的特征根、方差贡献率和累计方差贡献率。

第五章 因子分析视角下的农民专业合作社存货质押融资风险防范

表 5.3 三个公因子的特征根、方差贡献率和累计方差贡献率

公因子	特征根	方差贡献率	累计方差贡献率
F_1	6.215	50.286%	50.286%
F_2	3.124	28.115%	78.401%
F_3	1.913	10.137%	88.538%

为使取得的公因子具有较为明显的意义，文章对初始因子载荷矩阵进行方差最大化正交旋转，因子载荷意指每个因子主要由哪些变量提供信息。计算结果见表 5.4。

表 5.4 正交旋转后公共因子载荷矩阵

风险因素	公共因子		
	F_1	F_2	F_3
x_1	0.136	0.105	0.893
x_2	0.214	0.812	0.143
x_3	0.157	0.934	——
x_4	0.268	0.915	
x_5	0.914	0.267	-0.135
x_6	0.315	——	0.941
x_7	0.851	0.213	0.269
x_8	0.812	0.548	-0.154
x_9	0.889	0.367	0.027
x_{10}	0.815	0.396	0.273

由表 5.4 结果可知，公因子 F_1 对于技术风险（x_5）、质押物价格风险（x_7）、业务监管风险（x_8）、质押物形态风险（x_9）及质押物销售风险（x_{10}）具有支配作用。这些指标反映的是质押物的担保变现及处置的风险，因此可称 F_1 为质押物担保变现处置风险因子。从表中数据反馈的结果易知，质押物担保处置风险是存货质押业务面临的主要

风险类型。因为合作社自身规模小，拥有的固定资产较少，加之目前合作社的盈余分配政策致使其没有多少留存盈余，所以存货成为信贷安全的重要保障因素。公因子 F_2 基本支配了合作社资信风险（x_2）、合作社管理风险（x_3）及合作社经营风险（x_4）。这三个指标代表的是合作社内部运作管理情况，因此可称 F_2 为合作社内部管理因子。由上分析可知，合作社是农户为应对"大市场"，根据自愿原则结合而成，其兼具对外盈利和对内公平的双重属性，这种组织特性成为其开展存货质押业务的风险的重要来源之一。第三个公因子 F_3 主要支配了市场供需变动风险（x_1）和法律法规政策风险（x_6），这两个指标反映的是外部环境风险，因此 F_3 可称为外部环境因子。

为深入探讨公因子成因等问题，文章将公因子表示成上述10个原始变量的线性组合，通过计算可得不同样本的公因子得分，计算结果见表5.5。

表5.5　三个公因子得分系数矩阵

风险因素	公共因子		
	F_1	F_2	F_3
x_1	0.021	−0.013	0.352
x_2	0.138	0.314	0.025
x_3	0.106	0.388	−0.036
x_4	0.018	0.426	−0.016
x_5	0.236	−0.073	0.116
x_6	0.065	−0.053	0.356
x_7	0.326	0.126	0.029
x_8	0.236	0.102	0.032
x_9	0.324	0.127	−0.038
x_{10}	0.329	0.134	0.046

由表 5.5 易得三个公因子表示为原变量的线性组合如下：

$F_1=0.021x_1+0.138x_2+0.106x_3+0.018x_4+0.236x_5-0.065x_6+0.326x_7+0.236x_8+0.324x_9+0.329x_{10}$

$F_2=-0.013x_1+0.314x_2+0.388x_3+0.426x_4-0.073x_5-0.053x_6+0.126x_7+0.102x_8+0.127x_9+0.134x_{10}$

$F_3=0.352x_1+0.025x_2-0.036x_3-0.016x_4+0.116x_5+0.356x_6+0.029x_7+0.032x_8-0.038x_9+0.046x_{10}$

把重庆东北区域不同区县收集的样本数据代入上式，即可获知不同区县合作社开展存货质押融资的风险大小。进行分析后，按照风险大小进行排名，可有针对性地进行防范机制设计。

为评价该区域各区县总的风险情况，我们根据表 5.5 中的因子方差的贡献率，构造总体风险评价模型：$F=0.502F_1+0.281F_2+0.101F_3$。

其中 F 意为农民专业合作社开展存货质押融资风险的总得分，F_1，F_2，F_3 意为单个因子得分值。将单个因子的得分值代入上式即可获得总得分值，从而可对该区域各区县合作社开展存货质押融资的总体风险进行分析和评价，为相关部门制定政策提供决策建议。

第三节　农民专业合作社存货质押融资风险防范对策

由上文分析可知，在合作社开展存货质押融资过程中面临的三类主要风险为：质押存货担保变现处置风险、合作社内部管理风险及外部环境风险。如何防范以上三类风险自然成为合作社存货质押业务能否顺利开展的急迫问题。基于此，提出如下对策。

一、防范质押物担保处置风险的对策

建立银行、物流企业及合作社等参与主体间的信息共享平台。质

押存货在质押期间会因市场环境、供需变化、政府政策、自然灾害等因素发生变化,而这种变化会引致质押物价值波动。若其价值下降,就可能出现违约情形,这时银行等若不能及时获知,就无法采取应对机制避免损失发生。此外,合作社本身的特殊性致使其经营状态易受到多重因素影响而出现不稳定情形,这种状态的出现也需要银行及时获知以便采取对策加以规避。信息的获取无疑需要共享平台,所以在彼此间建立信息共享平台是保证信贷资金安全、促进业务顺利开展的重要保障。

设置质押物选择标准。银行应根据自己的实际情况,设置相应的选择标准,如存货价格稳定、不易变质、用途广、规格明确、标准化程度高等。在业务开展前,根据设定标准对存货进行筛选,不符合标准的可拒绝贷款。

增加能够提高业务技术水平的投入。合作社自身特征及其所拥有存货(多为农产品、生鲜品、改良品等)的特性致使其开展存货质押业务相较一般企业的一般存货质押融资业务更为复杂,在许多业务节点上更加依赖技术,如质押物价值的精准评估、质押物的恰当存储、运输方式的合理选择及路线方案的优化、质押物价格波动检测的及时等,这些都依赖于较好的技术手段和设备。所以增加技术投入,提高技术水平,无疑有利于降低风险。

二、防范合作社内部管理风险的对策

合作社机构设置力求合理。组织机构清晰合理,不仅能够使指令有效传递,权责清晰,分工明确,也有助于相互监督和合作。

加强人员培训。合作社存货质押业务的特殊性,更需要相关人员的娴熟技术和丰富的经验,同时也有赖于其高度的责任心,通过适当的培训促使员工掌握和熟悉业务流程、关键环节、应急方法等,无疑对降低业务风险大有裨益。

建立恰当的激励约束机制。通过设置职位升迁、物质或精神奖励等方法，促使相关人员或其他参与人员努力工作、恪守尽责，减少道德风险。

三、防范外部环境风险的对策

完善相关法律法规。合作社存货质押业务的环境较为复杂，除涉及一般贷款的法律问题外，还涉及其他法律问题，如《合同法》《物权法》①《担保法》《公司法》等法律中的法律问题，这些法律的颁布和有效实施为合作社开展存货质押业务提供了基本的法律保障。建立高效统一的物权登记政策和网络化、信息化的物权公示制度，避免权属不清所引发的争执风险；明细业务权责协议，避免权责不明所引发的相互推诿风险；统一仓单格式标准设计，避免仓单板式多样化引发的混乱、舞弊等风险；完善违约后相关法律条款的修订，防止违约出现而无法可依的尴尬局面。唯有完善的法律制度方可保障农产品供应链金融的合理、合规和高效运作。

本章小结

存货质押融资是一种全新的金融模式，为破解农民专业合作社融资困局提供了新的路径选择，其以闲置的存货作为质押物向银行等金融机构融资，盘活了被挤占资金，提高了资金使用效率，改善了合作社发展资金不足而又缺乏有效融资途径的尴尬局面，促使其健康良性

---

① 《中华人民共和国物权法》，简称《物权法》，下同。

发展。这对促进农业发展，活跃农村经济及增加农民收入有重要意义。不过该业务运作环境复杂，涉及主体较多，且各方利益诉求不同，加之没有成熟的理论作为指导，致使合作社开展存货质押融资业务过程中风险较多，如何对其风险进行防范变得迫切且必要。基于此，本章在系统梳理合作社存货质押融资风险类型的基础上，运用因子分析方法，探讨了合作社存货质押融资风险防范问题，并提出了风险防范的对策。

第六章 基于结构方程模型的农民专业合作社存货质押融资风险评价

引 言

前文分别采用了层次分析法和因子分析法对农民专业合作社存货质押融资风险评价问题进行了研究,给出了评价结果;不过两种方法均存在一定的局限和不足,为了使得评价结果更为客观、全面、精确,本章运用结构方程模型再次对业务风险进行评价研究。本章首先系统梳理和归纳业务风险类型,其次构建风险评价指标体系,并采用结构方程模型,对业务风险进行评价,最后根据评价结果,提出防范对策。

第一节 农民专业合作社存货质押融资风险因素分析

尽管农民专业合作社开展存货质押融资业务对缓解其融资困境具有重要的现实意义,但开展业务过程中的风险不可回避。所以探讨合作社存货质押融资风险指标体系构建及评估问题变得重要。经过对合作社自身特性、存货特征及存货质押融资业务特点系统分析,提炼出农民专业合作社开展该业务的主要风险有:信用风险、操作风险、质押物风险、技术风险、法律风险。

一、信用风险

信用风险是指业务中参与多方因信用缺失而产生的损失。在合作社存货质押融资业务中，参与主体主要包括银行、合作社及物流企业等。合作社因其财务制度不健全、核心团队不稳定等因素而易引致道德风险、逆向选择等问题，物流企业因其专业度和责任心不强而易引致合谋骗贷等风险问题。这些因素的存在易导致业务参与主体合作社和物流企业出现信用缺失，进而引致信用风险问题。

二、操作风险

合作社存货质押融资业务涉及多个环节，在后续处理过程中，任一个环节出现问题都会给业务带来风险问题。操作风险主要包括模式风险、程序风险、银行操作风险、物流企业操作风险。开展合作社存货质押融资业务的模式不止一种，选择不同的运作模式所蕴含的风险不同，根据合作社特征、存货特性、区域特点等因素选择合适的运作模式将有效降低或抵御风险的发生。程序风险是指实际操作与标准要求、信息化水平的差异而造成的损失。业务操作缺乏标准，仓单设置不规范、质押物出入库不科学、存放不合理、监管不到位等都可能致使损失发生。此外，信息化程度对业务带来的影响不容忽视，信息传递不畅、不及时等会致使风险未能被有效识别，无法及时做出恰当的应对策略，进而招致风险的发生。

银行和物流企业操作风险主要是指具体操作人员职业素质、操作技能等不足所导致的风险。在业务开展过程中，银行和物流企业选择什么样的员工负责参与，直接影响业务不确定性的大小：业务熟练、责任心强的员工会促进业务有序进行，有效减弱不确定性事项发生的概率和数量。

三、质物变现风险

质物变现风险是指因质物价格降低、变现困难、选择不当等原因产生的损失。银行愿意开展该业务的关键是有存货作为担保，借款方把存货的相关权利质押给银行，在出现违约情况时，银行有权处置质押存货以获得优先受偿，保证贷款资金安全。质物变现风险主要包括质物价格风险、质物形态风险及质物销售风险。

质物价格和销售风险是质押存货不可回避的重要问题，质押物价格波动太大，特别是下降幅度过大，会造成价值不稳定，进而带来潜在损失；而销售困难会使银行在合作社违约时无法及时得到补偿，这也会影响到信贷资金安全。此外，并非所有的存货类型都可以作为质押物进行担保质押，尤其是合作社所拥有的多为农产品及改良品，价值存在易损耗、易变化等风险。所以，在选择存货类型时需要综合考虑其质地、市场价格、损耗情况、市场需求情况、季节性及周期性等因素，尽量选择质地稳定、价格波动小、需求旺盛、易储存、易销售等的存货作为质押物，这对有效降低风险大有裨益。

四、技术风险

技术风险是融资服务提供商在合作社开展存货质押融资业务过程中因缺乏足够的技术支撑而引起的风险。在业务开展过程中，质押物价值评估机制设计不完善或者技术水平较低，合作社与物流服务提供商串通提供虚假仓单凭证合谋骗贷，物流企业运输路线不合理、仓储条件差，违约后对质押物的处置技术不高，监管技术差造成价格波动没及时发现，质押存货反复质押或所有权存在争议等，这些因技术缺失而产生的问题，都会带来风险。

五、法律风险

法律风险是由于交易合同得不到法律保护而形成的损失,主要包括合规性风险和质押存货所有权所造成的风险。在业务开展过程中,合同范式、仓单设计、法规政策、运作机制设计及执行的合规性无疑会影响业务风险的高低;质押存货的权属及流动性问题,也可能产生法律问题。此外,现有《合同法》及《担保法》对合作社存货质押融资法律问题的规定不甚完善,且缺乏其他指导性文件,因此也可能会带来法律纠纷风险。

第二节 农民专业合作社存货质押融资风险评价指标体系

一、初步风险指标体系构建

根据农民专业合作社存货质押风险因素分析,并结合指标体系设计的准则和依据,可以初步创建农民专业合作社存货质押融资风险评价指标体系。初步指标体系见图 6.1。

二、农民专业合作社风险评价

为保证构建指标体系的稳定性和可靠性,我们对创建的指标体系开展了信度检测,以保证测验结果的一贯性、一致性和稳定性。信度检验意指对相同事物开展多次验证时,根据验证结果的一致性程度来判断指标的稳定性或可靠性,以此对指标体系进行重新审视,剔除一致性不强的指标,从而较科学地确定最终的评价指标体系。

为进行信度检测,本章利用克朗巴哈系数值和 SPSS 统计分析软

第六章 基于结构方程模型的农民专业合作社存货质押融资风险评价　　87

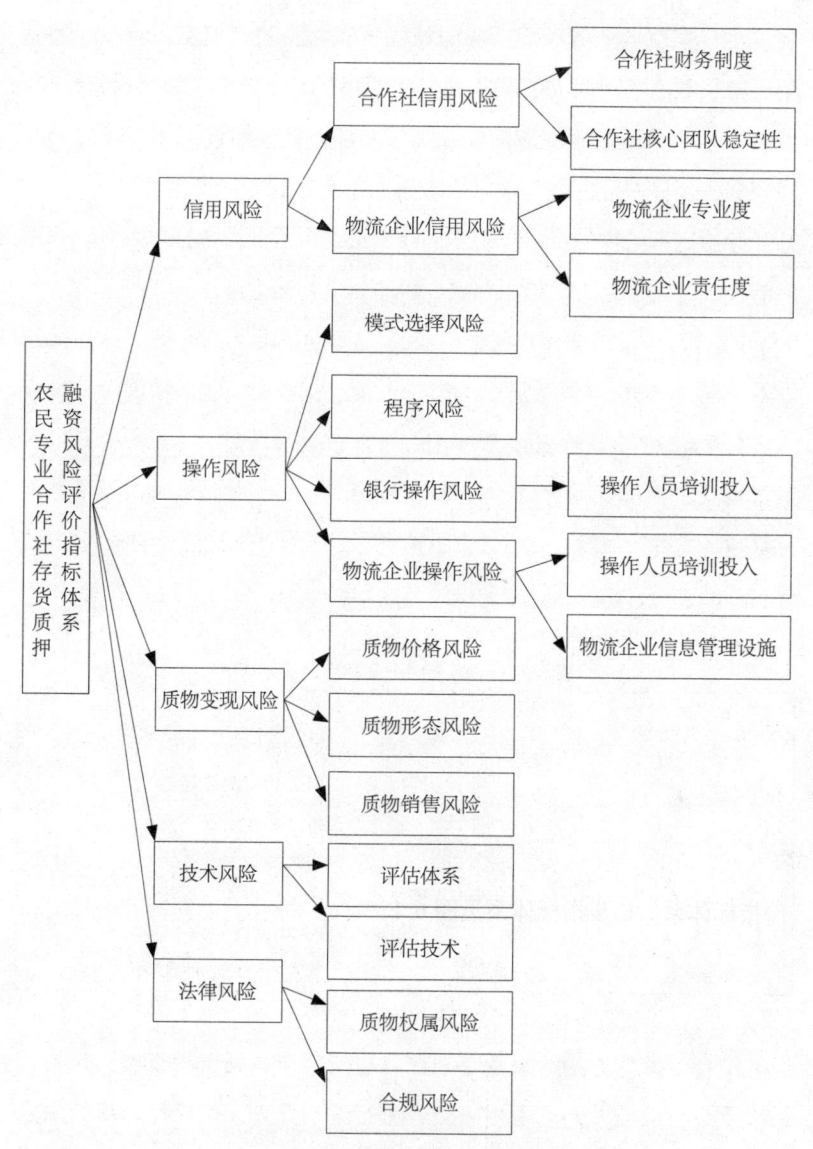

图6.1 农民专业合作社存货质押风险评价指标体系初建

件,并以 0.75 为阈值,检测结果显示多数指标的信度值处于可接受的范围内。然后使用 SPSS 统计分析软件对数据资料进行多方面分析,得出相应分析结果。在分析结果中,若指标克朗巴哈系数值大于 0.75,

则表示专家就该业务风险指标的认同度较为一致;相反,若指标的克朗巴哈系数值小于 0.75,则需对其所属指标一一分别剔除后重新检验,若去掉某个下属指标使该指标系数值增加,则说明该下属指标的一致性较弱,指标对应的调查项目可理解为不当项目,应予删除。

分析过程具体如下:在初步构建了上述风险评价指标体系后,采用 Satty 的 1—9 标度法赋值(Satty,1980)进行衡量,表 6.1 列示了 1—9 标度的相应值。9 表示风险程度最高,1 表示风险程度最低,采用德尔菲法,向 25 位对该领域熟悉的相关人士进行咨询,包括物流企业负责人(3 人)、金融机构主管(5 人)、合作社理事(13 人)、学者(3 人)及其他专家(1 人)进行咨询,25 位专家结合合作社运作情况及所在产业环境、质押产品特征、所处市场情况等因素及开展该业务的相关信息、评价标准,对合作社存货质押融资风险因素分别打分,并反复咨询。

表 6.1 Satty 的 1—9 标度赋值方法

标度	含义
1	两个指标相比,前后者同样重要
3	两个指标相比,前者比后者稍微重要
5	两个指标相比,前者比后者较强重要
7	两个指标相比,前者比后者强烈重要
9	两个指标相比,前者比后者极其重要
2,4,6,8	两相邻判断的中间值
标度的倒数	若指标 i 与 j 的重要性之比为 a_{ij},则指标 j 与 i 的重要性之比为 $1/a_{ij}$

结合专家的评价结果及专家在各项指标所属领域的权威,对指标的权重进行赋值,并利用相应公式进行恰当计算,然后把计算结果进行列示汇总,最终得出专家咨询意见的量化表。针对专家意见的量化表一一进行信度检测,根据信度检测结果剔除信度较弱的指标。就本章而言,具体剔除了 2 个指标选项,余下 14 项指标的克朗巴哈系数值都超过了 0.75;对通过检测的指标重新编号,最终得到农民专业合作社存货质押融资风险评价指标体系如图 6.2。

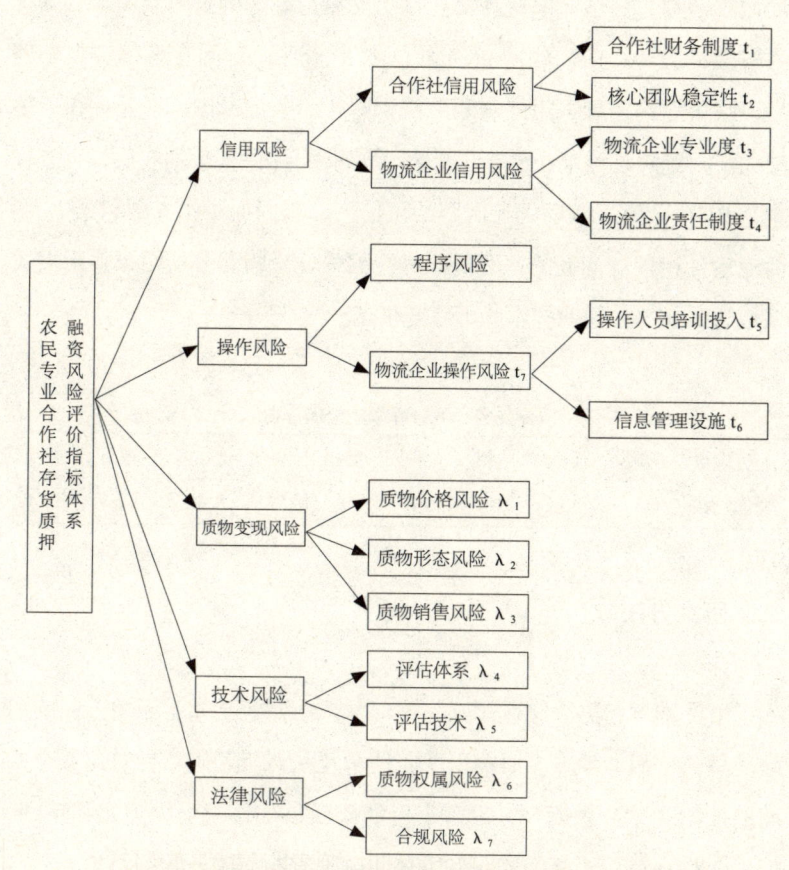

图 6.2 农民专业合作社存货质押融资风险评价指标体系确立

第三节 数据来源与研究方法

一、数据来源

本章所用数据均来自于对重庆 100 家合作社的实地调研及问卷调查结果。调研活动由项目组开展，实地走访了部分位于重庆不同片区的代表性农民专业合作社。针对本章的研究问题，项目组设计了科学的调查问卷，经过专家指导及项目组反复论证，确定问卷内容。调查共发放问卷100份，收回96份，回收率96%，对问卷进行初步整理后，缺失值的处理采用列表删除法，即在一条记录中，只要存在一项缺失，则剔除该记录，最终获得83个数据；剔除无效问卷后，有效样本共91个。为了保证问卷内容的可信度，对问卷的第6题和第13题两道设计相同的问题的答题情况进行相关性分析，分析结果显示相关系数达到93%，说明样本的可信度较高。

表6.2 调查样本的地理分布

项目地点	涪陵	江津	永川	合川	万州	巫溪	巴南	秀山	长寿
合作社数	15	13	10	11	16	8	12	6	9

二、研究方法

虽然本章已努力缩减了研究事项，但依然包括如下五个方面的风险类型：信用、操作、质物变现、技术及法律。若本章针对这五个方面的风险类型分别研究，尽管很可能使获得的结果更为翔实和精细，但对合作社存货质押融资业务的总体风险很难得到一致的结论，故本章采用了一种方法对五个方面的风险类型进行了综合，即需要构造若干"潜变量"。从图6.2所列的14种风险因素中不难看出，有几种因素不能直接用一个指标进行简单指代，而需使用"综合"指标进行整体反映，且这14种因素中有些因素间存在较强的相关性，由此不难理解一般性回归、Logistic回归等分析方法恐不能满足分析需要。基于此，结构方程模型就作为本章的最佳选择。

结构方程模型 (Structural Equation Modeling) 是一种统计分析技术和方法，具有普适性和综合性等特点，其主要通过联立方程这种方式求解。但是此种统计分析方法有别于计量经济学中的联立方程模型，联立方程模型只能对可测量变量间的复杂关系进行分析，而结构方程模型除了能够对可测变量间的相互因果关系进行处理外，也能对潜变量之间或潜变量和可测变量之间的复杂关系进行处理。显然，结构方程模型为高度抽象且难以测量的变量开展定量分析提供了可能，正因如此，结构方程模型才成为社会学、心理学、经济学等研究中重要的定量分析方法。结构方程模型一般分为两个部分：测量模型和结构模型。其示意图如图 6.3 所示。

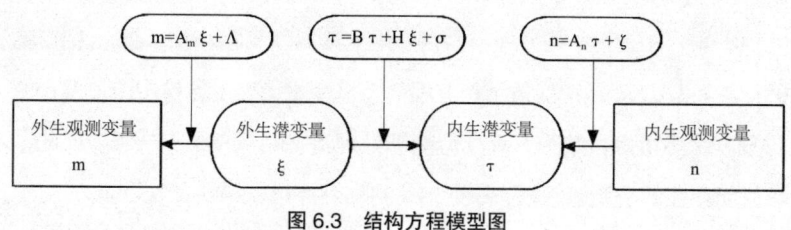

$$m = A_m \xi + \Lambda \qquad \tau = B\tau + H\xi + \sigma \qquad n = A_n \tau + \zeta$$

外生观测变量 m — 外生潜变量 ξ — 内生潜变量 τ — 内生观测变量 n

图 6.3　结构方程模型图

（一）模型构建

通过对调研数据深度挖掘和系统分析，我们假定农民专业合作社存货质押融资风险的结构方程模型由 5 个潜变量构成，每一个潜变量皆由其对应的观测变量影响和决定。其中，内生潜变量信用风险因素 τ_1，由合作社财务制度 ω_1、合作社核心团队稳定性 ω_2、物流企业专业度 ω_3 及物流企业责任度 ω_4 四个观测变量确定，内生潜变量操作风险因素 τ_2，由程序风险 ω_5、操作人员培训投入 ω_6、物流企业信息管理设施 ω_7 三个观测变量确定；外生潜变量质物变现风险因素 ε_1，由质物价格风险 λ_1、质物形态风险 λ_2、质物销售风险 λ_3 三个观测变量确定；外生潜变量技术风险 ε_2，由质物评估体系 λ_4、质物评估技术 λ_5 两个观测变量确定；外生潜变量法律风险 ε_3，由质物权属风险 λ_6、合规风险 λ_7 两个观测变量确定。

根据前文分析，构建了农民专业合作社存货质押融资风险的结构方程模型，其中：

$m = A_m \xi + \Lambda$

$n = A_n \tau + \zeta$

$\tau = B \tau + H \xi + \sigma$

式中 m 和 n 分别是 ξ 和 τ 的测量变量矩阵，A_m 表示潜在外生变量矩阵 ξ 和其测量变量 m 之间的关系，A_n 表示潜在内生变量矩阵 n 和其测量变量 τ 之间的关系，Λ、ζ 分别为 m、n 测量上的误差项。B 为结构系数矩阵，表示结构方程中潜在内生变量矩阵 τ 的构成因素之间的互相影响，H 表示结构方程中潜在外生变量矩阵 ξ 因素之间的互相影响的结构系数，σ 是潜变量结构方程的随机变量，表示方程中未被解释的部分。综上可知，结构方程模型能够处理潜变量间的复杂关系，因此本章可能存在的潜变量问题、序列相关问题等都可以得到有效处理。

（二）模型运算

为获得模型结果，本章采用 SPSS 软件运行农民专业合作社存货质押风险的结构方程模型，通过对相关数据的反复调试、反复论证，给出了较为理想的模型运行结果。为方便阅读和理解，本章把模型运行结果汇集在表 6.3 中。

表 6.3　农民专业合作社存货质押融资风险参数估值及可信度

风险因素	Estimate	T	P-value
信用风险	0.513	3.159	0.000
操作风险	0.415	3.451	0.000
质物变现风险	0.689	3.289	0.000
技术风险	0.325	2.871	0.000

续表

风险因素	Estimate	T	P-value
法律风险	0.107	2.679	0.000
合作社财务制度	1.532	3.152	0.000
合作社核心成员稳定性	1.318	2.862	0.000
物流企业专业度	1.416	3.513	0.000
物流企业责任度	1.253	2.963	0.000
程序风险	0.741	2.148	0.000
物流企业操作人员培训投入	0.532	1.783	0.030
物流企业信息管理设施	1.185	2.564	0.000
质物价格风险	1.864	3.157	0.000
质物形态风险	1.613	3.459	0.000
质物销售风险	1.358	3.257	0.000
质物评估体系	1.019	2.483	0.000
质物评估技术	1.116	2.647	0.000
质物权属风险	0.212	1.694	0.015
合规风险	0.147	1.815	0.011

（三）模型运算结果检验及分析

为检验模型对数据的拟合情况，同时也为保证运行结果的可靠性，本章选择一些检测方法，从多角度、多方面对模型拟合效果进行检验和评价。检验结果见表6.4。

表6.4 模型整体拟合情况的相关检验

统计量	卡方	自由度	P值	NFI	RFI	IFI	TLI	CFI	CMIN	CMSEA
模型指标	312.16	90	0.000	0.904	0.885	0.943	0.927	0.941	1.758	0.031

由表中检验结果可知，本章模型通过相关检验，符合结构方程拟合要求，为此，我们可以依据模型结果对相关问题展开分析。

表 6.3 是结构方程模型的求解结果，前 5 个变量列示的是潜变量的回归系数估计结果，后 14 个变量列示的是观测变量的回归系数估计结果，从显著性视角观测，所有参数都通过了显著水平为 10% 的显著检验。从回归结果视角出发，质物变现风险对合作社存货质押融资业务的影响最大，影响系数为 0.689；在其所属指标中，质物价格风险最为重要，其估计值最大，其次为质物形态风险和销售风险。这表明，合作社开展存货质押业务过程中，要重点防范质物变现风险，尤其是质物价格风险；业务中，应选择质物价格变化不大的品种作为质押物。信用风险在指标估计值中排在第二位，影响系数为 0.513；其所属指标中，合作社的财务制度及物流企业的专业度较为重要，估计值较大。这缘于合作社的财务状态往往对其业务违约与否产生重要影响，而物流企业的专业度是决定业务能否顺利开展的关键因素之一，因为合作社多数植根农村，交通、环境、农产品特性等都要求物流企业要具有较高的业务水平。操作风险的估计值排在第三位，影响系数为 0.415；其中，物流企业信息管理设施的估计值大于程序风险指标的估计值和操作人员培训投入的估计值。物流企业的信息设施优良与否对身处复杂环境下的业务良好运作与否自然起到了较为重要的作用。技术指标的估计值排在第四位，影响系数为 0.325，表明技术指标对合作社开展存货质押融资的影响较小；所属指标中，质物评估技术的估计值略大于质物评估体系的评估值。法律风险指标对业务影响最小，影响系数为 0.107；在所属两个指标中，质物权属风险的估计值要大于合规风险的估计值。

第四节 农民专业合作社存货质押融资风险防范对策

一、质押物价格风险防范对策

选择大宗交易商品作为质押物，如棉花、钢材、橡胶等，这些商品易处置、质量较为稳定、价格波动幅度不大且应用比较广泛；利用物流企业的市场优势，构建较为完善的销售渠道，销售渠道的稳健对质押物的及时变现具有重要作用；关注国家相关产业政策，合作社生产经营的产品多为农产品，这些产品容易受国家产业政策变动的影响，进而影响市场供需状况，使得相关产品价格发生波动；此外气候天气状况也会影响合作社存货（农产品）的产量，进而对市场供给产生影响，自然会影响到质押物价格，所以关注天气变化也是防范质押物价格风险的要素之一。

二、合作社财务安全风险防范对策

首先，检查是否有健全的财务规制，这是保障财务安全、资金规范运作的基础。其次，检查合作社日常经营状况，交易是否正常发生，交易情况如何，现金流量是否健康有序，社员与非社员交易比例是否合理等，都是保障合作社能够按期还款的关键因素。再次，关注合作社发起人及主要管理者的资源操纵禀赋及资金实力，在我国合作社创办实践中，发起人往往是拥有较强物资实力及人格魅力的人，他们的资金实力、社会影响力对合作社未来健康发展具有重要作用，也是保障合作社财务安全的重要影响因素。最后，检测合作社是否有长期稳定的客户订单及下游客户资金实力是否雄厚、历史信用是否良好等，检查所在产业链的协调、运作是否稳定，信息流通是否顺畅，核心企业的控制能力是否较强等，这是保障合作社产品能否有效销售且资金能否及时收回，进而避免违约的关键。

三、物流企业专业度风险防范对策

首先，关注物流企业运输能力及仓储条件，合作社扎根广袤农村，区域分布广，位置分散，存货多为具有生命特征的农产品，这些都要求物流企业的运输能力要强、仓储条件要好，否则极易造成较大损失。其次，关注物流企业的技术水平及信息处理能力。质押物尤其是以农产品作为质押物，其价值评估、监管、价格波动检测及违约处置等都需要较高的技术水平。再次，信息收集及处理能力强弱也是保障质押物能否及时正确得到处置的关键因素。最后，关注物流企业的员工素质及培训机制，员工素质高对提升物流企业专业水平无疑起到促进作用；而健全的培训机制对提高员工工作态度和积极性无疑起到了积极因素，两者存在密切关联关系，所以员工素质及培训机制也是体现物流企业专业水平的又一关键因素。

本章小结

近年来，在《农民专业合作社法》的颁布和政府投入力度不断加大的背景下，合作社在数量上和规模上都得到了快速发展，但在合作社高速发展的过程中也遇到了诸多问题，其中融资难已成为其健康发展的瓶颈之一。如何克服这一问题，诸多学者从不同角度和方面进行了研究和探讨，提出了许多融资模式，这些建议和方法一定程度上缓解了合作社的融资难问题，但未从根本上解决。近年来兴起的存货质押融资业务为合作社破解融资困难提供了一条有效途径。由于合作社自身特性及所拥有存货的特征决定了规避业务风险问题极其重要。本章在系统梳理合作社存货质押融资风险类型的基础上，构建了风险评估指标体系；鉴于合作社存货质押风险的复杂性、主观性及彼此间的关联性，为准确客观评价业务风险，本章运用了结构方程模型对合作社开展存货质押业务的风险进行了评估，并给出了评估结果，为参与合作社存货质押业务实践的各方提供决策参考。

第七章　农民专业合作社存货质押融资法律风险及规制考量

引　言

为响应新时代新农村发展召唤，满足"小农户"和"大市场"衔接需求，缓解单一农户讨价能力弱的局面，依托现有农村经济组织平台，由政府倡导，以农民自愿联合为基础，以自主经营、民主管理、进退自由为原则，把经营相同或相似产品的农户联合在一起，形成一个对外盈利，对内服务的新型农村经济组织，即农民专业合作社。伴随《农民专业合作社法》的制定与实施，合作社如雨后春笋一般出现，在全国各地迅速成立并发展。到2017年7月底，在工商部门登记的农民专业合作社达193.3万家，实有入社农户超过1亿户，约占全国农户总数的46.8%，比上年同期增加6.5个百分点。在整个"十二五"时期内，合作社数量实现了近3倍的增长，农户参加合作社的比例与原来相比增加近31个百分点，标志着我国已初步构建起多层级指导服务体系和扶持政策体系；合作社已融入农业产业链各个环节，扮演着重要角色，在促进农业供给侧结构性调整，引领广大农户保障农业有效供给，引导欠发达地区农民共同发展优势产业、实现共同富裕等方面具有重要现实意义。所以，大力发展合作社，促进其健康快速发展变得重要而迫切。但农民专业合作社由于其自身的局限，如规模小、信用低、制度不健全、财务不稳定、经营发展前景不确定等，采用传统融资方式很难得到所需资金，致使其在扩大规模、规范化建设、改善经营模式、调整产业结构等方面面临严重的资金不足问题。因此，开创新的融资路径和模式对打破其融资困境，缓解发展资金紧张问题具有显著意义。基于此，诸多学者针对该问题开展了探索与研究，提出了一些新的融资路径，如"三方协议+互保联贷+同一账户+贴息保险"融资模式[1]，"合作社+农村信用社"融资模式[2]，"合作社内部资金互助社"融资模式[3]，"农地抵押"融资模式[4]。以上融资路径的开创在某种程度上缓解了合作社融资困境，但实践显示合作社融资困难问题依然存在，这意味着需要构建更多更有效的融资模式以破解其融资困局。近年来，存货质押融资作为中小经济组织融资的有效路径被普遍重视及认可，且被实践证明合规有效。不过，现有文献中通过这一路径来缓解合作社融资难问题的研究还鲜有，鉴于此，本章尝试从这一视角出发，探讨合作社融资问题。纵观理论界和实业界，存货质押融资对农民专业合作社来说是项新型融资模式，虽然对破解其融资困局提供了有益尝试，但作为全新业务，在运作过程中面临的风险既新且多，尤其是法律风险，加上缺乏完善的理论指导和丰富的实践经验，使得业务开展过程中的法律风险的控制和防范缺乏成熟的工具和方法，所以有效应对业务开展过程中的法律风险问题对保障业务的有效运行和健康发展具有显著作用。本章首先论证了农民专业合作社开展存货质押融资的缘由与可行条件，然后着重分析了其中的法律风险点，最后根据法律风险类型提出了针对性的防范对策。

---

[1] 赵凯：《我国农民专业合作社融资模式的比较研究》，《农村经济》2011年第5期。

[2] 邓俊淼：《农民专业合作组织推动农户融资模式研究——基于河南省社旗"农民专业合作社+农村信用社"的考察》，《农村经济》2010年第9期。

[3] 夏英、宋彦峰、濮梦琪：《以农民专业合作社为基础的资金互助制度分析》，《农业经济问题》2010年第4期。

[4] 刘俊：《农村土地股份合作社成员财产权体系与权能》，《江西社会科学》2017第11期。

第一节　农民专业合作社存货质押融资法律风险分析

据《巴塞尔新资本协议》对法律风险的界定来看，法律风险归属于操作风险范畴，具体被解释为监控举措及化解民商或民事纠纷而支付的各种款项所引致的风险敞口。目前，我国企业的主要贷款方式是不动产抵押贷款，不动产由于其耐用性、固定性等特性使得其价值相对稳定，出现人为舞弊、灭失等风险相对较小，故不动产抵押贷款是银行较为容易接受的一种融资模式；而动产质押，尤其是存货质押在企业中的融资比例还很小，不过自从该业务被介绍和引进至我国后，由于其具有多重功效，如缓解融资困境、改善信贷结构、增加利润来源、提升竞争能力等，故发展异常迅速。不过存货质押融资相较不动产抵押融资业务，面临的不确定性法律风险更多。

一、质权的有效性风险

仔细分析解读，存货担保可划分为存货质押担保与存货抵押担保两种模式。《担保法》对动产质押的定义进行了明确规定：动产质押意指债务人或第三人将其动产移交债权人占有，将该动产作为债权的担保。债务人到期无法履行或拒绝履行偿还义务时，债权人享有依法对该质押动产进行折价变卖、拍卖等权利，并以此所获价款享有优先受偿的权利。《担保法》同时还规定出质人和质权人双方需签订动产质押合同，且合同应为书面形式，以规避口头形式造成质权无效等法律风险。质押合同应以质押物转移至质权人占有作为生效要件。本章所涉及合作社中的存货属于《合同法》所界定的动产，根据该法规定：存货质押融资业务双方需以书面形式就指定存货签订质押合同，且质押物需要转移给质权人或质权人委任的代理人（质押人除外）占有。换言之，出质人若把质押物存放在自己仓库，而质权人仅委托第三方物流进行监管，则质押权可能面临无效的风险。在现有的理论研究和司法实践中，对占有改定这一质押方式的司法解释认为，此种情形下的质权是无效的。《物权法》明确规定当事人可以通过书面协议形式将现在拥有的以及将来拥有的设备、材料、完工产品等进行抵押，若到期债务人不履行债务或者出现约定的实现抵押权的情形，债权人有权就抵押的动产进行处置，并以所得款项享有优先受偿的权利。《物权法》同时还规定，进行抵押融资的抵押物应当在抵押人住所所在地的工商部门进行抵押登记。抵押权应以抵押合同生效作为生效要件，若用于抵押的动产没有登记公示，此时不得对抗善意第三人，即不得对抗通过合法正常途径取得抵押动产的买受人。《物权法》规定抵押动产在发生下列情况之一时确定："（一）债务履行期届满，债权未实现；（二）抵押人被宣告破产或者被撤销；（三）当事人约定的实现抵押权的情形；（四）严重影响债权实现的其他情形。"而存货抵押有别于存货质押，存货抵押是动产浮动抵押，是一种特殊抵押方式，可理解为抵押人把其全部财产或部分财产进行担保设定，在抵押权情形发生且被行使之前，抵押人保留了对抵押财产的处分权，不过需要注意的是该处分权是指正常经营情形下的处分权。存货抵押不仅要签订书面合同，还需进行抵押登记，这时抵押权方能生效。故而在实际业务中，合作社存货质押或抵押所形成的质权会因操作不当、程序不合规而面临有效性风险问题。

二、质押物价值波动风险

质押物在质押期间，其价值未必固定不变：质押物因自身结构、特质等因素可能随着时间的推移而发生损耗；物流企业仓储条件较差，没有达到质押物存储所需条件要求；监管举措不当造成的减少、丢失等；质押物在市场中的价格变动而引致的价格下降，进而导致价值减少。加之农民专业合作社经营内容多与农业有关，不难理解其所拥有的存货类型多为农产品，而农产品具有弱质特性，这使得其自然损耗较大、仓储条件要求较高、市场价格波动幅度较大等，农产品作为质押物的价值波动相较其他产品会更为明显。总之，以上因素的客观存在使得质押物的价值处在动态变化之中，质押物价值波动（下降）势必会增加借款机构资金安全的风险，进而引起相关法律问题。

三、质押物灭失风险

质押物在质押期间除可能发生价值波动情形外，也存在质押物灭失的风险。质押物存放的方式有两种，一种是存放在借款企业自己的仓库中（可能因为方便经营、容易置换、运输成本过高、运输风险较大，或物流企业仓储条件不满足存储要求等），物流企业派专人监管；另一种是质押在物流企业的仓库中，由物流企业负责监管。第一种方式很可能存在借款企业挪用质押物，物流企业委派监管人与借款企业合谋私自处置质押物等；第二种方式可能存在物流企业监管失职造成质押物丢失，抑或和借款企业合谋出售质押物、重复质押等现象，造成质权灭失等后果。

四、质押权和抵押权的竞合风险

在合作社开展质押融资业务过程中，因我国产权登记制度设计的不完善，致使登记较为混乱和效率低下，加之保护产权措施不力及市场意识薄弱等因素的存在，使得同一种质物可能存在这样的情形：一方面其被用于质押融资，并被质权人转移占有；另一方面其被抵押进行融资。这时有两种情形：一种情况是抵押但没有登记，另一种情况是抵押且办理了登记。不论是哪种抵押情况，只要质押权和抵押权同时存在，竞合风险就会发生。

五、质押权和留置权的竞合风险

在合作社质押融资业务开展过程中，银行通常把物流作业委托给物流企业，物流企业负责质押物的运输、存储、监管等任务。而物流企业完成物流任务的报酬通常有两种获得途径：一种是银行等金融机构负责支付，另一种情况是合作社等借款企业支付。不论哪种支付方式，当物流企业的报酬得不到满足时，物流企业可能会截留存储在其仓库中的质押物，通过对质押物的处置来获得应得报酬，即物流企业拥有了对质押物的留置权。若这种情形发生，则质押权和留置权的竞合风险就随之出现。

六、质押权实现风险

质押融资业务中，当借款企业出现违约，未能如期履约时，质权人有权通过处置质押物获得优先受偿。《担保法》清楚界定："债务到期时，质权人应得款项未被偿还的，可对质押物进行处置，处置方式可以是对质押物折价、依法拍卖、依法变卖等。"仔细解读该条款，不难发现如下几层意思：一是贷款方只有在借款期限满时才能处置质押物，换句话说，在质押期间，贷款方不能处置质押物，尽管已有证据表明借款方无法履约；二是借款期限满时，贷款方处置质押物的程序是到法院提起诉讼，在得到法院的判决结果后，才能处置质押物。而我们知道，诉讼程序开始到法院判决出来，平均周期是 7 个月，这对质押物的价值变动有非常重大影响，自然对质权人质权的实现十分不利。

第二节　农民专业合作社存货质押融资法律
　　　　风险规制策略考量

存货质押融资作为新型融资方式为农民专业合作社缓解融资困境提供了路径选择，不过该业务对合作社而言是一种新型业务，缺乏成熟的理论指导，加之合作社自身在设立、治理、融资等方面的特殊性，使得业务实践中难免会面临较多的法律风险，这些风险对业务的顺利开展和健康运行有消极影响，所以通过机制设计对法律风险加以规避和控制变得必要且有意义。

一、防止质权无效的应对策略

（一）建立统一规范的登记公示系统

在我国，《物权法》与《担保法》明确规定，动产质押不应以质押物占有改定为要件，而需以质押物转移占有为要件，且质权在质押物发生转移时生效。这说明农民专业合作社进行存货质押融资业务时，需要转移存货的相关权利，并将质押物转移至银行指定位置。而物权发生变化，需要以统一、公平、透明等的方式向社会提供相关法定信息，这需要借助规范统一且高效的物权变动登记公示系统，因此防范质权无效的有效举措之一就是构建这一系统。物权变动登记系统是一套复杂、庞大的信息平台，加之合作社组织的特殊性、区域位置的偏僻性等因素，由其去构建显然无法高质量完成；若由每个组织根据自己的业务情况构建，会使得系统构建标准不够规范，不利于查询和向社会公示。所以，该系统由政府负责构建更为恰当，这样能够保障物权变动登记的统一性、程序的一贯性和法律效力的有效性。此外，动产担保登记系统的构建也非常必要，构建统一、标准的信息化、网路化动产登记担保系统有助于业务的查询，避免质押物被重复质押、恶意质押等不法行为发生，进而降低质押业务交易成本，提高业务交易效率。

（二）构建质物所有权保留登记机制

根据《担保法》《物权法》及相关司法解释的倾向性，动产所有权采用登记对抗是目前普遍接受和认可的观点，所以在农民专业合作社开展该业务时，就质押存货所有权保留问题，若合作社与银行双方合意后，则在双方间发生效力；把双方的意思表示进行登记后，便有对抗第三方的效力产生。鉴于当下我国商业银行信用风险控制的相关方法不成熟，尤其对近年来快速发展的农民合作社的信用等级评价十分欠缺，所以就质押存货所有权保留这一问题，应避免采用口头形式设定。尽管所有权保留登记制度在我国还未有明确规定，但在国际上，许多国家或地区对此早有规定。

（三）明确存货担保方式

双方在业务开展前，具体表达存货采用哪种担保方式。若存货是以质押方式进行担保的，业务相关方需签订书面质押合同并将质物转移至质权人或质权人委托的第三方（出质人除外）监控；若存货是以抵押方式进行担保的，双方需签订书面抵押合同。但未到工商部门进行抵押登记的，不能对抗善意第三人；若到工商部门办理了抵押登记的，则更具法律效力。

二、防范质押物价值下降、灭失风险应对策略

（一）妥善保管质押物

银行委托的第三方除应具备财务制度完善、资金雄厚、责任心强等因素外，还需满足质物存储所需要的存储条件、监管条件、技术条件及人力条件，如大米仅能委托给大型粮库或专业的第三方物流监管，水产品等生鲜类存货要交给具备监管资格的第三方物流公司或与出质人同属一个行业的其他公司保管。任务委托给第三方时，需与第三方签订书面形式的长期合作协议或委托监管协议，并写明业务双方的权责利、违约的处理方式方法，质押物非正常丢失、损耗的处理方式方法等。

（二）严查质人条件

侧重了解、审核农民专业合作社的盈利水平、发展前景、财务现状、信用等级，选择时以业绩稳中有升、财务制度健全、发展前景良好、内部管理规范、理事长或发起人素质较高、信用记录优良的合作社作为优先考虑，对贷款或担保资格准入制度严格执行。良好的信用、稳健的财务、规范的内部管理是合作社如期履约的基础和保障，所以在业务实际开展过程中，应重点监管和防范信用、财务、经营等变化风险，防止"以质押之名行转让之实"的欺诈风险和突变风险。

（三）严查质物条件

一是用于质押的存货产权必须归属清晰，为出质人完全占有，没有用于其他抵押或质押；二是用于质押存货的来源要合法，即通过合

法渠道获得并占有；三是用于质押的存货物理性质、质地结构需相对较为稳定，正常情形下不易发生变质、损坏、灭失等风险；四是用于质押的存货市场价格波动幅度较小，市场交易活跃度较高，变现比较容易；五是用于质押的存货规格类型具体明确，大小、数量、单位、单价等要素清晰，易于确认、核算和计量；六是用于质押的存货的实际价值确定应有合理的确定依据，如针对农业生产资料、粮食、木材、成熟畜禽等的依据；而成长中的生猪、生长中的农作物、生鲜的易腐水果等，因缺乏科学合理的计量依据，不宜作为质押物。

（四）制定质物损毁、减值应对方法

业务开展过程中，质权人需对质物进行定期和不定期检查，若检查发现质物发生变质、损毁、灭失等情况，应区分情况采取相应补救方法。若是因被委托人监管不力所致，则可要求被委托人及时采取有效应对策略避免情况恶化或直接追究被委托人相应责任；如检查发现是质物自身物理属性及质地结构所致，则可向出质人要求增加质押物或缴纳损失部分款项；如发现质物价值大幅降低，则可向出质人要求更换担保方式或补充同数量、同品质、同类型的质押物或不同类型但价值相当的质押物。

（五）动态监管

若存货存在如下情形，可以采取动态监管方式：一是存在保质期要求的，二是出质人有正常生产经营或销售需求的。若是第一种情形，出质人应在出现保质期要求情况时及时更换质物，若不履行更换义务，质权人可行使对质押物提前处理并将处置款项留置或要求提前偿还贷款的权利，也可以同时采取其他有效措施以维护债权人权益；若是第二种情形，出质人因生产经营需要或用于正常销售，应在质押物出库前补充价值不低于置换质物的其他存货类型，以保证质押物价值维持在既定的价值范围内。

三、防范质权与抵押权、留置权竞合风险的应对策略

（一）完善质物准入机制

构建质押物严格筛选机制，尤其是重视质押物权属问题。农民专业合作社大多与农业有关，其存货类型主要为粮食、植物、化肥、牲畜等，银行对质押物应设置选择标准，在选择质押对象时应严格按照设定的选择标准，不符合要求的存货不能作为质押物。针对权属问题，应反复审查，查验质押物的相关凭证并咨询相关登记机构，以确保权属归属明确、来源合法且未进行其他业务的质押和抵押。此外，利用双方共享平台，实时查验质押物的运动轨迹和来龙去脉，以便保证质押物的安全，防止质权之外衍生其他权利主张。

（二）建立权利优先保障机制

对于动产，可能存在的权利类型有抵押权、登记的抵押权、未登记的抵押权、公示的抵押权及质权。《最高人民法院关于适用〈中华人民共和国担保法〉若干问题的解释》规定，抵押权效力高于质权效力。这一规定与《物权法》的规定有些矛盾：现有法律对抵押权的规定有两种情形，一种是登记的抵押权，一种是登记且生效的抵押权。我国物权法将后一种规定局限在不动产，换言之，不包含动产；而质权则分为动产质权和权利质权，所以发生竞合的权利为动产质权和登记的抵押权。面对这种竞合，应以公示先后作为权利效力优先与否的

判别依据：公示在先的抵押权或质权效力优于公示在后的抵押权或质权，当两种权利发生在同一时间点时，可采取谁有异议谁举证反驳的举证责任倒置规则进行处理。此外，构建统一的公示系统对已质押的动产进行有效公示也是防范动产重复质押或抵押的另一手段。

（三）代偿追索机制

银行把质物监管任务委托给物流企业后，物流企业的报酬获取方式有两种：一种是银行作为支付主体，另一种则是借款企业为支付主体。当出现偿付情形，而物流企业权益未得到满足时，物流企业留置质押物，这时质权和置留权发生竞合；当偿付主体为银行而银行未履行偿付义务时，借款企业可代银行偿付，然后向银行追偿；当借款企业为偿付主体而拒付时，银行可代为偿付，然后向借款企业追偿。不论哪种方式均可消除质权与置留权竞合风险的发生，以保障质权人充分享有质权。

四、防范质权无法实现的应对策略

由于农民专业合作社的存货相较于不动产而言，在价格波动、变质、运输、存储、违约处理等方面不确定性较大，所以快速实现质权权利对保障质权人利益至关重要。鉴于我国目前的违约处理的司法程序不利于质权人在面对违约或潜在违约时保护自己的权益，所以完善质权实现程序无疑对业务开展大有裨益。可从两个方面着手构建迅捷、低成本的质权实现程序：

第一，提高质权实现效率，明确质权人与出质人实现质权的时间节点。当出质人违约不还款时，质权人可直接到人民法院申请执行令，而无需经过完整的诉讼程序。因为动产的特殊性需要及时处理才能保障质权人的权益，而农民专业合作社的存货类型多为农产品，农产品价格波动大、难存储、易变质等特性使其更需及时变现，否则其价值很可能随着时间的流逝而降低，进而损害质权人的权益。此外，针对不同的动产类型及价值变动的敏感性设定恰当的权利实现周期对保障质权人权益具有重要意义。

第二，增加质权的实现方式、路径。在处置质押物的方式上，可以不局限于变卖、转让、拍卖等方式，而应开发更多有效途径，只要不违背法律，不损害第三方权益，就可采取。这对质权人的质权保护和利益保障具有重要意义。当然，不能为保障质权人利益而置出质人权益不顾，对出质人相关权益的考虑方式是：可以给出质人留出一定权利伸张时间，若对质权人处置时间或方式有异议或问题，出质人可以向法院提出主张。这样的处理方式兼顾了质权人和出质人双方的权益，有利于法律法规公平正义宗旨的维护和践行。

本章小结

农民专业合作社因其自身特性，面临发展资金严重不足的问题，这一问题进而会影响其规范化发展：一人一票的民主管理制度，把社会资本拒之门外；入社自愿、退社自由的规定，使得合作社资本金处于变动状态；社员多数为农民的硬性规定，造成资金投入少；按惠顾额分配盈余的制度安排，减弱了社会资本参与的兴趣；二次返利的分配制度及缺乏法定盈余公积强制提取的约束机制，导致留存收益微乎其微；加之合作社年轻的身份、介于非盈利组织和盈利组织之间的特殊性质，及不完善的经营管理、财务制度等，致使其难以取得以盈利为目的的金融机构的青睐。从正规融资渠道获得融资的难度较大，而从非正规融资渠道获得资金的利率较高，这两者是合作社难以承受的。综上所述，合作社一方面急需资金进行规范化发展，另一方面遭遇着尴尬的融资困境：自有资金不足，社会资本难入，正规渠道不畅，非正规渠道难通。所以探索开创新的融资路径变得迫切且有意义。存货质押融资是近年来快速发展的一种新的融资模式，得到了实业界和理论界的广泛关注，其可行性也在实践中被反复证明，这为合作社缓解融资困窘提供了一种有益路径。不过由于缺乏理论指导，又没有丰富的实践经验，合作社开展该业务的风险问题不容忽视；尤其是作为一种新兴事物，其所引发的法律风险更应引起关注，这对保障合作社存货质押融资业务的有效开展和健康发展具有重要现实意义。基于此，本章系统梳理了合作社开展存货质押融资的法律风险类型，针对所提类型给出了防范举措。